KB173197

경제활동의
기초체력을 키우는

나의 첫
주식
공부

이완배 지음

북트리거

난생처음 주식이 궁금해진 10대들에게

대학에서 경제학을 전공한 덕에 종합 일간지 기자 시절 증권 담당 기자로 일할 기회를 얻었습니다. 설레는 마음을 안고 여의도 한국거래소에 출근했더니 기자실 안에는 각 증권사에서 발간한 보고서들이 산더미처럼 쌓여 있더군요.

그리고 곧 저는 절망했습니다. 그 수많은 보고서의 글들 중 '은, 는, 이, 가'에 해당하는 조사를 제외하고 정말로 한 글자도 이해할 수 없었기 때문입니다. 주식의 '주' 자도 몰랐던 이 불쌍한 초보 기자는 즉각 증권사에서 일하는 대학 동기들에게 전화를 걸어 "이건 뭐야? 저건 뭐야?" 꼬치꼬치 물어봤습니다. 한참 제 질문을 듣던 대학 동기(증권사에서 기업 분석가로 일하고 있었음) 하나가 한숨을 푹 쉬더니 이렇게 말하더군요.

"야, 여의도에서 지금 네가 물어보는 걸 모르는 사람은 너 하나밖에 없을 거야."

여기까지 읽은 많은 독자들이 '뭐야? 이런 (무식한) 자가 쓴 주식책을 읽어야 하는 거야?'라는 후회를 하시겠군요. 하지만 그 후 저는 열심히 공부한 덕에 어찌어찌 증권 기자로 꽤 오랜 기간 일할 수 있었습니다.

이 책은 저처럼 주식의 '주' 자도 몰랐던 사람들을 위한 책입니다. 무식한 증권 기자 시절, 주식을 배우기 위해 백방으로 뛰어다녔지만 저처럼 왕초보를 위한 책을 찾지 못했거든요. 그래서 이 책을 통해 왕초보들에게 꼭 필요한 지식이지만, 너무나 기초적이어서 아무도 알려주지 않는 이야기를 나누려고 합니다.

당연히 이 책에는 "이렇게 하면 주식으로 떼돈 번다"류의 내용은 없습니다. 그런 방법을 제가 알지도 못하고요. 다만 주식 투자를 하건 안 하건, 주식이라는 제도가 우리가 사는 자본주의의 뿌리인 만큼 주식의 기본을 이해하는 것은 여러모로 도움이 되리라 믿습니다. 부족한 이 책이 주식에 대한 기초 지식을 쌓는 데 조금이라도 도움이 되기를 소망합니다.

2021년 봄, 안국동에서

이완배

차례

'주알못'의

주식
개념
잡기

누구나 투자할 수 있는
회사의 탄생

- 주식회사의 실체 -

인도 무역 사업 투자자를 모집합니다!

15세기 말, 포르투갈이 인도양으로 향하는 뱃길을 처음 발견하면서 유럽인들은 마침내 인도와 대규모 무역을 할 수 있게 됐습니다. 1497년 리스본에서 네 척의 배를 이끌고 기세 좋게 항해를 시작한 바스쿠 다 가마 Vasco da Gama, 1469?-1524의 포르투갈 함대는 아프리카 해안을 돌아 이듬해 인도의 서남쪽 캘리컷에 도착했죠. 인도 남부의 교역 중심지인 캘리컷은 놀라운 곳이었습니다. 유럽인들이 가장 놀란 대목은 품질 좋은 후추가 가득하다는 점이었습니다.

이전까지 유럽인들은 후추를 아라비아와 아프리카에서 겨우 수입했습니다. 그들은 음식의 맛과 향을 돋우는 이 향신료에 거의 환장하다시피 했죠. 문제는 수입되는 물량이 적어 후추 가격이 금값을 능가한다는 점이었습니다. 지금이야 후추가 흔하디흔한 향신료 중 하나지만 당시만 해도 한 주먹 가격이 무려 노예 열 명의 몸값과 맞먹을 정도로 귀했습니다.

유럽인들은 이 후추를 얻기 위해 배를 만들고 인도양을 가로질러 인도로 향했습니다. 그런데 문제가 하나 생깁니다. 먼 뱃길을 항해할 배를 만드는 데 너무 많은 돈이 든다는 것이었죠. 게다가 선원들에게 줘야 하는 품삯도 만만치 않았습니다. 물론 항해만 성공하면 투자한 돈보다 훨씬 많은 돈을 벌 수 있습니다. 하지만 큰돈을 들여 배를 만들었는데, 항해 중 풍랑에 휩쓸리거나 해적에게 약탈을 당하면요? 큰돈을 투자한 사업가는 한 번에 쫄딱 망하게 될 겁니다. 그렇다면 이 문제를 어떻게 해결해야 할까요?

이때 한 총명한 사업가가 아이디어를 냅니다. 주변의 친구들에게 투자를 받아야겠다고 생각한 것입니다. 예를 들어 배를 한 척 만들고 선원을 모집하는 데 1억 원이 든다면, 혼자 1억 원을 다 부담하는 게 아니라 열 명을 모아 각자 1,000만 원씩 부담하는 거죠.

이 이야기를 들은 친구들이 "내가 왜 그래야 하는데?"라고 묻자, 사업가는 "항해만 성공해 봐. 후추를 팔아서 큰돈을 벌 수 있어. 그 돈을 10등분해서 너희들에게 나눠 줄게."라고 대답합니다. 또 다른 친구는 "그러다 배에 사고라도 나서 투자한 1,000만 원을 모두 날리게 되면?" 하고 난색을 표합니다. 이에 사업가는 "잘 생각해 봐. 너 혼자 배를 띄우려면 1억 원이 들어. 일이 잘못되면 1억 원을 날리겠지. 하지만 우리 열 명이 동업을 하면 사고가 나도 손해는 1,000만 원뿐이야. 부담이 훨씬 적어지잖아."라고 회유합니다.

아, 이제 이 사업가의 생각이 이해가 되네요. 위험부담을 혼자 지지 않고 친구들과 나누려는 거였군요. 그 대신 사업으로 얻은 이익도 10등분해서 나누고요. 즉 위험과 이익을 모두 분담하자는 것이죠.

사업가의 말에 솔깃한 친구들이 1,000만 원씩 투자해 배를 만들고 선원을 모집합니다. 그리고 이들은 함께 회사를 설립합니다. 회사 이름은 '인도무역회사'라 하고요. 단순화하긴 했지만, 이 같은 방식으로 투자금을 조달해 설립한 회사가 바로 주식회사의 시초입니다.

최초의 근대적 주식회사로 꼽히는 네덜란드 동인도회사의 설립 과정도 비슷합니다. 하지만 규모 면에서는 이전과 확연히 달랐습니다. 예전에는 몇 명의 상인이 항해에 돈을 투자하는 수준이었지만, 네덜란드 동인도회사는 최대한 많은 이들로부터 투자금을 모집했거든요. 네덜란드 거주자라면 누구나 투자할 수 있었고, 모금액의 상한선도 없었습니다. 결과는 초대형 주식회사의 탄생이었지요. 1602년 출범 당시 네덜란드 동인도회사의 자본금 응모에 몰린 사람은 총 1,143명이었고, 모금액은 645만 길더(네덜란드의 금화로 금 64톤에 달하는 엄청난 양입니다)에 이르렀죠. 이렇게 네덜란드는 투자금을 안정적이고 효율적으로 모집함으로써 향신료 무역을 장악하고, 단번에 유럽 최고의 부국으로 떠오릅니다.

자본금과 주식이란 무엇인가

이제 몇 가지 용어를 공부할 차례입니다. 앞에 언급한 사례에서 배를 띄우기 위해 친구 열 명이 모은 돈 1억 원을 '자본금'이라고 합니다. 한마디로 사업을 할 때 밑천이 되는 돈을 말하죠. 좀 더 유식하게 표현하자면 '기업의 소유자, 또는 소유자라고 생각되는 사람이 사업의 밑천으로 기업에 제공한 금액'이라고 할 수 있습니다.

자본금 1억 원을 마련한 인도무역회사의 투자에 동참했던 친구 한 명이 이렇게 묻습니다. "이봐. 우리가 친구 사이긴 하지만 돈 앞에 친구가 무슨 소용이야? 무역에 성공해서 큰돈을 벌었는데 네가 '이 배 주인은 나 혼자요.'라고 주장하고 돈을 꿀꺽해 버리면 어쩌지? 우리도 1,000만 원씩 투자했다는 증거가 있어야 하잖아?"

이때 "아니, 나를 못 믿어?" 하며 발끈하면 절대 안 됩니다. 물론 친구끼리는 그럴 수도 있겠지만, 거금이 걸린 사업에서 그렇게 무턱대고 화를 내면 오히려 신뢰가 떨어지죠. 동업자들의 이 같은 요구는 지극히 당연한 것입니다.

이에 현명한 사업가는 이렇게 답을 합니다. "당연한 지적이야. 너희들도 이 배를 만들고 선원을 모집하는 데 1,000만 원씩 냈다는 사실을 증명할 근거가 있어야겠지. 그럼 이렇게 하는 건 어때? 문서를 만드는 거야. 그 문서에 너희들이 1,000만 원씩 투자했다는 사실을 적고 도장을 쾅 찍는 거지."

괜찮은 아이디어죠? 모름지기 돈과 관련된 일은 문서를 만들고 도장을 찍어서 확실히 처리하는 게 안전하니까요. 이에 따라 이들은 "이 문서는 인도무역회사를 설립할 때 자본금 1,000만 원을 냈다는 사실을 증명합니다."라고 적힌 종이에 도장을 찍은 뒤 이를 한 장씩 나눠 갖습니다. 이 문서를 우리는 '주식(株式)'이라고 부릅니다. 한마디로 자본금을 냈다는 사실을 증명하는 문서인 셈이죠. 그리고 이 증서를 갖고 있는 투자자를 '주식의 주인'이라는 뜻에서 '주주(株主)'라고 부릅니다. 이제 투자자들은 이 종이에 쓰인 대로 자신이 인도무역회사에 1,000만 원을 투자했다는 사실을 확인받을 수 있습니다.

주주총회는 민주주의를 따르지 않는다

이렇게 주식을 발행해서 세운 회사를 '주식회사'라고 합니다. 그런데 여기서 궁금한 점이 하나 생기는군요. 만약 A라는 사람이 혼자서 자본금을 다 댔다면 그 회사의 주인은 당연히 A일 겁니다. 그런데 앞서 언급한 인도무역회사처럼 열 명이 각각 1,000만 원씩 내서 주식회사를 세웠다면 이들 중 누구를 주인으로 봐야 할까요?

누가 주인인지 밝히는 일이 왜 중요하냐면, 앞으로 인도무역회사가 사업을 할 때 뭔가를 결정해야 할 일이 계속 발생할 것이기 때문입니다. 무역을 하다 보면 이번 항해에서 후추를 계속 사들일 것인가, 아니면 인도에서 나는 품질 좋은 차(茶)로 거래 품목을 바꿀 것인가, 하는 식으로 결정을 내려야 할 일이 생기게 마련입니다. 그리고 당연히 이 결정은 회사의 주인이 해야 하죠.

주식회사의 주인은 자본금을 낸 투자자 모두입니다. 즉 주주가 바로 주식회사의 주인인 셈입니다. 인도무역회사의 경우, 주인은 무려 열 명이겠군요. 그렇다면 이 회사에서는 중요한 결정을 내릴 때 어떻게 해야 할까요? 당연히 열 명의 주주들이 모두 모여서 회의를 해야 합니다. 이처럼 회사의 중요한 결정을 하기 위해 주주들이 모여 여는 회의를 '주주총회'라고 부릅니다. 그런데 만약 주주총회에서 주주들의 의견이 서로 다르면 어떻게 할까요? 이때는 투표를 해서 더 많은 표를 얻은 안건이 채택됩니다.

여기서 매우 중요한 사실이 있습니다. 보통 투표라고 하면 우리는 민주주의 원칙을 떠올립니다. 천부인권 사상에 기반을 둔 1인 1표의 원칙 말이죠. 누구나 동등하게 한 표씩의 권한을 행사하는 게 1인 1표의 원칙입니다. 민주주의 사회에서는 대부분의 투표가 이렇게 진행됩니다.

하지만 주식회사에서는 민주주의 원칙이 적용되지 않습니다. 만약 인도무역회사를 만들 때 한 사람이 5,000만 원을 내고 나머지 다섯명이 1,000만 원씩 투자해 자본금 1억 원을 마련했다고 해 보죠. 이때 이들 여섯 명이 모두 동등한 권리를 가질까요? 아닙니다. 주식회사에서는 한 명당 한 표씩이 아니라 돈을 더 많이 낸 사람이 더 많은 투표권을 갖게 됩니다.

이 같은 방식을 '1원 1표의 원칙'이라고 부릅니다. 1원을 냈으면 1표, 10원을 냈으면 10표, 1억 원을 냈으면 1억 표를 갖는 식입니다. 즉 주식회사는 우리가 알고 있는 평등한 민주주의 원칙과 달리 돈을 더 많이 낸 사람이 더 많은 권리와 영향력을 갖는, 민주주의와는 상당히 다른 방식으로 운영된다는 사실을 기억해야 합니다.

☆인간과 동물의 주식 투자 대결! 승자는?

주식 투자는 인간만이 할 수 있는 고급 두뇌 게임이라고 생각하는 사람이 많습니다. 그런데 만약 주식 투자에 동물을 참여시킨다면 어떤 결과가 나올까요? 이 황당한 질문을 처음 던진 사람은 미국 프린스턴대학의 경제학과 교수 버턴 말킬Burton Malkiel, 1932~ 이었습니다. 말킬은 이른바 '랜덤 워크(random walk) 이론'으로 명성을 떨친 경제학자입니다.

랜덤 워크는 술에 취한 사람의 걸음걸이에 빗댄 표현입니다. 여러분은 만취한 사람이 어떻게 걸어갈지 알아맞힐 수 있나요? 그거야 복불복 아니냐고요? 맞습니다. 랜덤 워크는 말 그대로 방향을 예측할 수 없는 불규칙한(random) 움직임을 의미합니다. 말킬 교수는 주가의 움직임이 이 같은 랜덤 워크 현상을 보이기 때문에 예측이 불가능하다고 주장했습니다.

주가가 아무런 규칙 없이 무작위의 움직임을 보인다면 '앞으로 주가가 오를까? 떨어질까?'를 고민하는 것만큼 멍청한 일이 없습니다. 아무리 머리를 써 봐야 주가는 결국 제멋대로 움직일 테니까요.

말킬의 이론이 발표된 뒤, 1998년 이 이론을 검증하는 첫 번째 실험이 진행됐습니다. 주식 투자 전문가와 원숭이의 투자 대결이 벌어진 것입니다. 전문가는 고민 끝에 투자할 종목을 골랐고, 원숭이는 박

스 안에 들어 있는 종목 카드를 아무렇게나 뽑았죠. 실험은 과연 누구의 승리로 끝났을까요? 랜덤 워크 이론을 주장했던 말킬의 짐작과는 달리 승리는 투자 전문가(승률 61%)에게 돌아갔습니다. 이 결과를 보고 많은 사람들은 '아무렴, 머리를 쓰는 사람이 동물보다야 당연히 낫지.' 하며 위안을 삼았죠.

하지만 안심하기는 이릅니다. 2000년 미국 경제 일간지 《월스트리트 저널》이 무려 6개월에 걸쳐 주식 전문가에 대항하는 원숭이의 리벤지 매치(복수전)를 벌였습니다. 결과는 충격적이게도 원숭이의 압도적인 승리였습니다.

이후 비슷한 실험이 여러 차례 이어졌는데 슬프게도(!) 대부분의 실험에서 동물이 승리를 거뒀답니다. 우리나라에서도 2002년 침팬지와 전문가의 투자 대결이 있었는데 침팬지가 승리했습니다. 2009년에는 한 증권사 주최로 전문가들과 앵무새가 대결을 했는데 이때도 앵무새가 승리를 거뒀죠. 동물에게도 지는 인간의 주식 투자 실력이라니요! 정말로 주가는 인간의 예측이 필요 없는 랜덤 워크 영역일까요?

현실에서 주가를 움직이는 원인은 헤아릴 수 없을 만큼 다양합니다. 경제 전반의 흐름, 금리, 환율, 여기에 각 기업의 상황 등을 모두 고려해야 하죠. 이 많은 정보를 종합해서 주가의 변동을 정확히 예측할 수 있을까요? 주식시장에 뛰어든 많은 이들이 특정 주식의 가격을 예측함으로써 수익을 올리려고 하는데, 이 같은 투자 행태에 대한 말킬의 경고는 곱씹어 볼 만합니다. "주가를 가끔 맞히는 사람은 많습니다. 하지만 누구도 계속해서 맞히는 사람은 없죠. 시장 타이밍을 예측하지 마세요. 예측이 빗나갈 겁니다."

증권시장, 찾아가 볼까

- 증시에 대한 이해 -

주식시장은 여의도에 있는 게 아니라고?

오늘은 TV 드라마 〈도깨비〉(2016)의 한 장면으로 이야기를 시작할까 합니다. 드라마에는 도깨비와 저승사자 같은 초월적인 존재들이 등장하는데, 이들은 현대 문물에 취약한 모습을 보이죠. 가령 이런 대목입니다. 재벌 3세인 유덕화(육성재 분)가 도깨비(공유 분)와 저승사자

(이동욱 분)에게 스마트폰을 사 줍니다. 스마트폰이라고는 한 번도 써 본 적 없는 둘에게 덕화는 사용법을 알려 주겠노라며 "일단 플레이 스 토어부터 가 봅시다."라고 말하죠.

그 말을 들은 저승사자는 "지금?"이라며 놀라고, 도깨비는 자리에 서 일어나 외투를 주섬주섬 챙겨 입습니다. 당황한 덕화는 도깨비에 게 묻습니다. "삼촌, 왜 일어나?" 세상물정 모르는 도깨비는 이렇게 답 하죠. "플레이 스토어 가자며. 멀어?" 그러더니 저승사자를 보며 자기 는 뭔가 좀 아는 표정으로 "뭐 해, 옷 입고 와!"라고 다그칩니다.

네, 그렇습니다. 플레이 스토어는 당연히 멀지 않습니다. 도깨비와 저승사자만 모르는 사실이지만 플레이 스토어는 강남이나 홍대 같은 곳에 있는 게 아니라 모바일 세상 안에 있죠.

우리나라에는 '증시(證市)'라고 불리는 곳이 있습니다. 증시는 말 그 대로 '증권(證券)'을 사고파는 시장(市長)'입니다. "증권이 뭐죠? 그런 건 안 배웠는데요!" 하며 당황해할 필요는 없습니다. 앞에서 우리는 주식 이란 무엇인지 배웠습니다. 자본금을 냈다는 사실을 증명하는 종이가 주식이라고 했죠.

'증권'은 주식과 비슷한 말입니다. 돈은 아니지만 돈으로서 가치가 있음을 표시한 증서를 증권이라고 하죠. 주식, 채권, 수표, 어음 같은 것이 모두 증권에 해당합니다. 엄밀하게 말하면 증권은 주식을 포괄 하는 상위 개념으로 다소 차이가 있습니다. 하지만 여러분은 그냥 증권과 주식을 같은 단어라고 이해해도 괜찮습니다. 단어 자체만 놓고 봐도 '증권'은 '내가 돈을 냈다는 사실을 증명(證明)하는 문서[券]'라는 뜻으로, 자본금을 냈다는 사실을 증명하는 종이인 주식과 큰 차이가 없으니까요.

증시는 바로 이 주식을 사고파는 시장입니다. 시장이라면 당연히 어딘가에 위치하고 있겠죠? 그게 어디일까요? 경제에 좀 관심 있는 독자라면 "증시는 당연히 여의도에 있지. 웬만한 주식 뉴스는 다 여의도에서 만들어지잖아?"라며 아는 척을 할 수도 있겠네요. 하지만 틀렸습니다! 증시는 여의도에 있지 않습니다. 그렇다고 삼성동이나 동교동 같은 데에 있는 것도 아닙니다. 사실 증시는 어느 특정한 장소에 있는 시장이 아닙니다. 플레이 스토어가 지도상의 어딘가에 실제로 존재하는 가게가 아닌 것처럼요.

플레이 스토어에서 우리는 누군가가 팔려고 올려놓은 콘텐츠나 애플리케이션을 삽니다. 분명히 거래가 이뤄지니, 이곳은 시장이 맞습니다. 하지만 실제로 특정 장소에 시장이 존재하는 것은 아니죠. 증시도 마찬가지입니다. 우리는 증시에서 주식을 사고팝니다. 분명 이곳 역시 거래가 이뤄지는 시장이지만 특정 장소에 존재하지는 않습니다. 온라인에서건 오프라인에서건, 심지어 우리 집 뒷마당에서건 주식을 사고파는 거래만 이뤄지면 그곳이 곧 시장이 됩니다.

주식은 사고파는 것이다

그렇다면 증시에서 거래가 어떻게 이뤄지는지 살펴볼까요? 지난 장에서 살펴본 자본금과 주식의 개념을 잠시 복습해 보겠습니다. 주식회사는 주주들로부터 회사를 세우는 데 필요한 돈을 모아 만든 것이라고 했습니다. 회사를 설립할 때 낸 돈을 자본금, 그리고 그 자본금을 냈다는 사실을 증명하는 문서를 주식이라 했고요. 주식을 보유하고 있는 사람을 주식의 주인, 즉 주주(株主)라고 부른다는 사실도 확인했습니다. 주주는 자신이 보유한 주식만큼 그 회사에서 주인 노릇을할 수 있습니다.

회사를 설립할 때 자본금을 내는 데 참여하지 않았던 갑돌이라는 인물이 어느 날 A 주식회사에 관심을 갖게 됐습니다. 그리고 그 회사의 전망이 좋다는 판단 아래 A 주식회사의 주주가 돼야겠다고 결심합니다. 그래서 회사를 찾아가서 이렇게 물어봅니다.

"나도 이 회사의 주주가 되고 싶은데 어떻게 해야 하죠? 돈은 많이있으니 저도 자본금을 내는 일에 동참하게 해 주세요." 하지만 A 주식회사는 이미 회사 운영에 필요한 자본금을 충분히 모았습니다. 더 이상 추가로 자본금을 받을 필요가 없는 거죠. 그래서 A 주식회사는 갑돌이에게 "됐어요. 필요 없어요."라고 답을 합니다(물론 실제로는 더 공손하게 답을 해 줄 겁니다). 그렇다면 갑돌이는 영원히 A 주식회사의 주주가 될 기회를 잃은 걸까요?

갑돌이는 포기하지 않고 A 주식회사의 주주들을 찾아갑니다. 그리고 갑순이가 A 주식회사 주주인 것을 확인하고 이렇게 말하죠. "A 주식회사의 주식을 가지고 계시죠? 그 주식 저한테 파세요. 갑순 씨가 처음 냈던 자본금보다 가격을 훨씬 더 쳐 드리겠습니다."

처음 냈던 자본금보다 더 많은 돈을 주겠다는 말에 솔깃한 갑순이는 갑돌이에게 주식을 팝니다. 이렇게 거래가 성사됐다면 A 주식회사의 주주는 누구일까요? 처음 자본금을 냈던 갑순이일까요? 아니면 갑순이의 주식을 사들인 갑돌이일까요?

당연히 갑돌이입니다. 갑순이는 주식을 갑돌이에게 넘기는 순간 A 주식회사와는 아무런 상관이 없는 사람이 됩니다. 갑순이가 처음 A 주식회사에 자본금을 내면서 받았던 주주로서의 권한은 주식을 파는 순간 모조리 갑돌이에게 넘어갑니다.

갑돌이는 이제 자신이 보유한 주식만큼 A 주식회사에서 주인 노릇을 할 수 있습니다. 그는 과거에 자신에게 "됐어요."라고 말했던 직원을 찾아가 말합니다. "똑바로 해! 나 오늘부터 이 회사 주주라고!"

누구를 주주로 정할 것인가

주식거래는 이런 식으로 이뤄집니다. 그리고 증시에서는 이렇게 매도자(갑순이)와 매수자(갑돌이) 간의 합의로 주식이라는 상품과 돈이 오가면 주식이 거래된 것으로 간주합니다. 다시 한번 강조하지만 증시는 모란시장이나 광장시장처럼 특정한 장소에 있는 '위치'의 개념이 아니라, 주식을 사고파는 총체적인 모습을 일컫는 말입니다.

그렇다면 여기서 궁금한 점이 하나 생기는군요. 앞서 우리는 주식회사가 중요한 결정을 내릴 때 주주총회라는 것을 연다고 배웠습니다. 그런데 주식거래 때문에 주주가 자주 바뀐다면 도대체 누구를 주주총회에 초대해야 할까요? 원론적으로는 주주총회에 참석하는 당일, 주식을 갖고 있는 사람이 주주입니다. 그런데 요즘은 온라인으로 주식을 사고팔다 보니 하루에도 주주가 수십 번씩 바뀌는 일이 허다합니다. 도대체 누구를 주주총회장에 참가할 자격이 있는 주주로 결정해야 할지 난감한 상황인 거죠.

그래서 대부분의 주식회사들은 '주주 명부 폐쇄'라는 것을 합니다. 주주 명부 폐쇄란 주주총회를 앞두고 특정한 날짜를 정해 그 날짜에 주주로 기록된 사람을 무조건 주주로 인정하는 제도를 뜻합니다. 즉 특정한 날짜에 주주이기만 하면, 회사가 그 사람을 주주 명단에 올려놓고 더 이상 변경하지 않는 것입니다. 당연히 주주총회 초청장도 주주 명부 폐쇄일에 주주였던 사람에게 보냅니다. 만약 주주 명부 폐쇄일에는 주주였던 사람이 다음 날 주식을 팔았다고 해도, 그 사람은 여전히 주주총회에 참여할 권리를 갖습니다.

주주총회 중 제일 중요한 것이 1년에 한 번 열리는 '정기 주주총회'입니다. 정기 주주총회는 보통 지난해의 사업을 정리하고 사업 결과를 공유한다는 차원에서 2월이나 3월에 많이 열립니다. 이 정기 주주총회에 참여할 권리를 갖는 사람은 주주 명부 폐쇄일에 주주였던 사람입니다. A라는 회사의 2021년 주주총회를 위한 주주 명부 폐쇄일이 지난해 12월 26일이었다고 해 봅시다. 2020년 12월 26일 그 회사의 주주였던 사람은 A 회사의 2021년 정기 주주총회에 참여할 권리를 갖는 것이죠.

정리를 좀 해 볼까요? 이번 시간에는 두 가지만 머릿속에 넣어 두면 되겠습니다. 첫째, 주식은 증시에서 항상 사고팔 수 있는 것이기 때문에 주주는 언제든지 변할 수 있다. 둘째, 주주총회를 앞두고 주식회사는 특정한 날짜를 주주 명부 폐쇄일로 정하고 그 날짜에 주주인 사람을 주주총회장에 참여할 주주로 결정한다. 어때요, 어렵지 않죠?

알.쓸.신.주. 알아 두면 쓸모 있는 신기한 주식 이야기

☆튤립 광풍, 비이성적 투기는 왜 위험할까

1637년 네덜란드의 한 부유한 상인이 어느 날 자신의 물건을 잘 운반해 준 선원을 집으로 불렀습니다. 물건을 잘 운반해 줘서 고맙다는 말과 함께 상인은 선원에게 귀한 청어를 선물로 줬습니다. 기분이 좋아진 선원은 집에 가려고 나오다가 무심코 상인의 집 창가에 놓인 양파 하나를 발견했습니다. '이걸 청어에 곁들여 먹으면 맛있겠다.' 선원은 아무 생각 없이 그 양파를 들고 나왔습니다. 그리고 가족들과 함께 양파를 곁들인 연어를 냠냠 먹었습니다.

그런데 다음 날 그 선원은 바로 감옥에 붙잡혀 갔습니다. 죄목은 튤립 뿌리 절도죄였죠. 선원이 들고 나온 것은 양파가 아니라 셈퍼 아우구스투스(Semper Augustus, 영원한 황제)라는 희귀종 튤립의 뿌리였던 겁니다. 그리고 그 튤립 뿌리는 당시 자그마치 황소 30마리와 맞먹는 가격이었습니다.

대체 튤립 뿌리가 뭐기에 그렇게 비쌌냐고요? 말 그대로 튤립의 뿌리입니다. 용도가 뭐냐고요? 그냥 잘 심으면 튤립이 예쁘게 피는 겁니다. 그런데 왜 그렇게 비싸냐고요? 그러게 말입니다.

'네덜란드 튤립 뿌리 투기 사건'으로 기록된 이 이야기는 금융 역사에서 아주 유명한 일화입니다. 당시 네덜란드에서는 무슨 바람이 불었는지 튤립 뿌리가 큰 인기를 끌었습니다. 돈 많은 사람들이 귀하다는 튤립 뿌리를 하나둘씩 사 모았죠. 수요가 공급보다 많아지니 가격이 당연히 올랐습니다.

그러자 사람들은 '튤립 뿌리를 사 두면 가격이 올라서 돈을 벌 수 있겠다'는 생각에 너도나도 달려들었습니다. 그럴수록 튤립 뿌리의 가격은 더 올랐죠. 이런 과정을 반복하다 보니 고작 꽃송이 하나 피우는 역할밖에 하지 못하는 튤립 뿌리의 값이 황소 30마리 가격까지 치솟은 겁니다.

황당하죠? 그런데 실제로 이런 황당한 일이 경제사에서는 셀 수 없이 많습니다. 이렇게 가격이 오를 것을 기대하고 무분별하게 자산을 사들이는 행위를 '투기(投機)'라고 부릅니다. 물론 투기와 투자를 명확하게 구분하는 기준은 없습니다. 그래서 금융시장에서는 "내가 하면 투자, 네가 하면 투기"라는 우스갯소리도 있죠. 하지만 적어도 실제 가치를 전혀 생각하지 않고, 별 이유도 없이 가격이 오를 것이라 기대하고 돈을 쏟아붓는 것은 투기로 보는 게 마땅합니다. 예를 들어 누가 봐도 그냥 튤립 뿌리인데, 가격이 오를 것 같다는 이유로 황소 30마리 가격을 주고 사는 것은 투기라는 뜻입니다. 주식은 대표적인 투기 대상이었죠.

투기 광풍은 결국 혹독한 대가를 치르게 합니다. 비이성적인 원인으로 치솟은 가격은 거품이 꺼지며 폭락하게 마련이거든요. 1636년에 정점을 찍으며 천정부지로 치솟던 튤립 가격은 이듬해인 1637년 2월 느닷없이 급락하고 말았습니다. 그러자 파산하는 사람이 속출했고 네덜란드 사회는 혼란에 빠졌습니다.

주식으로 돈을 번다?

- 배당과 시세 차익 -

전설의 투자자는 이렇게 투자한다

미국의 작은 도시 오마하에 한 할아버지가 살고 있습니다. 나이가 아흔이 넘는 이 할아버지는 아침에 일어나면 신문 가판대까지 걸어가 손수 신문을 사는 일로 하루를 시작합니다. 그가 가장 즐겨 먹는 음식은 3, 4달러짜리 햄버거 세트라고 하네요.

그런 할아버지는 미국 어느 동네에나 다 있지 않느냐고요? 물론 그렇죠. 그런데 이 할아버지를 특별히 소개하는 이유가 있습니다. 이 할아버지의 이름은 '오마하의 현인(賢人)'이라는 별명이 붙은 워런 버핏Warren Buffett, 1930~ 입니다.

버핏은 26세의 나이에 단돈 100달러로 주식 투자를 시작해 60년 넘게 투자를 하면서 자신의 재산을 무려 756억 달러(약 89조 원)로 불린 전설적인 주식 투자자입니다. 그는 꾸준히 시장 수익률을 뛰어넘는 놀라운 투자 성과를 보였죠. 2020년 3월 미국 경제 전문지 《포브스》에 따르면 버핏은 세계 부자 순위 4위에 당당히 이름을 올렸습니다.

그렇다면 《포브스》가 선정한 세계 주요 부자의 순위를 살펴볼까요? 1위는 미국 온라인 쇼핑몰 아마존을 이끄는 제프 베조스입니다. 보유 재산이 1,130억 달러(약 133조 원)나 되네요. 2위는 마이크로소프트의 창업자 빌 게이츠이고, 3위는 루이비통, 디올, 펜디 등 50여 개 명품 브랜드를 보유한 베르나르 아르노가 차지했습니다. 뒤이어 4위가 버핏이고, 소프트웨어 회사 오라클의 창업자 래리 엘리슨이 5위, 패션 브랜드 자라의 창업자 아만시오 오르테가가 6위에 올랐습니다. 이 밖에 7~10위까지도 모두 사업을 하는 사람들이 이름을 올렸죠.

그런데 이 이름들을 쭉 살펴보면 특이한 점을 한 가지 발견할 수 있습니다. 10위 안에 든 부자들 중 유일하게 버핏만 사업이 아니라 주식 투자로 돈을 벌었다는 점입니다. 세계 10대 부자 가운데 순수하게 주식 투자만으로 거부(巨富)가 된 사람은 버핏 단 한 명뿐입니다.

시골 동네 오마하에서 콜라와 햄버거를 즐기는 이 할아버지는 도 대체 무슨 마법을 부렸던 걸까요? 버핏은 60년 넘게 투자를 하면서 단 하나의 원칙을 고수했다고 합니다. 그것은 바로 '주식을 사지 않고, 기업을 산다'는 원칙이었습니다.

배당, 주식으로 돈을 버는 첫 번째 원리

우리는 앞서 주식회사가 어떤 형태로 만들어지는지를 배웠습니다. 자본금의 개념도 함께 공부했죠. 1억 원의 자본금을 마련하기 위해 열 명의 주주들이 1,000만 원씩 냈다면 이 열 명이 모두 그 회사의 주주 가 됩니다.

자, 이런 방식으로 열 명이 모여 식당을 하나 차렸다고 가정해 보 겠습니다. 그렇다면 식당에 투자한 주주들은 어떻게 돈을 벌 수 있을 까요? 주주들은 돈을 빌려준 게 아니므로 이자를 받을 수 없습니다. 그 대신 '배당'이라는 것을 받을 수 있죠.

식당을 열고 1년 동안 장사를 했더니 마침 장사가 잘됐습니다. 그 래서 이 식당이 추가로 1억 원을 벌었습니다. 그러면 새로 번 돈 1억 원은 누구의 소유일까요? 주식회사의 주인은 주주라고 했습니다. 따 라서 이 식당이 새로 번 돈도 주주 열 명의 공동 소유입니다. 이 식당 은 열 명의 주주가 모두 똑같이 1,000만 원씩 투자했으니 각자 10분의 1만큼씩 권리를 가지고 있습니다. 따라서 새로 번 돈 1억 원도 모두에게 1,000만 원씩 나눠 주면 됩니다.

이렇게 회사가 사업으로 번 돈을 주주들에게 나눠 주는 것을 '배당(配當)'이라고 합니다. 배당금을 나누는 기준은 그 사람이 주식을 얼마만큼 갖고 있느냐입니다. 열 명이 자본금을 1,000만 원씩 냈다면 배당금도 똑같이 나누면 됩니다. 하지만 만약 한 명이 5,000만 원을 내고 다섯 명이 1,000만 원씩 내서 1억 원의 자본금을 마련했다면, 배당금의 절반은 5,000만 원을 낸 사람에게 돌아가고 나머지 절반은 1,000만 원씩 낸 다섯 명이 나눠 갖게 되는 것입니다.

시세 차익, 주식으로 돈을 버는 두 번째 원리

이번에는 조금 다른 상상을 해 보죠. 식당을 운영해서 1억 원을 벌었는데 주주 한 명이 색다른 아이디어를 냅니다. "우리 배당금을 나눠 갖지 말고 그 돈으로 식당 2호점을 차리는 게 어떨까? 그러면 내년에 더 많은 돈을 벌 수 있지 않겠어?"

물론 주주 열 명의 생각이 서로 다를 수 있습니다. 하지만 이때는 주주총회를 열어 주주들의 표결로 사업 확장 여부를 결정하면 됩니다. 만약 표결 끝에 2호점을 내기로 결정했다면 1억 원은 배당금이 아니라 2호점을 내는 데 사용될 것입니다.

만약 2호점도 1호점만큼 큰 성공을 거둬 1억 원의 수익을 올리게 된다면 이듬해 식당 두 곳에서 얻는 이익은 모두 2억 원이 될 겁니다. 한 해만 참으면 앞으로 매해 배당금이 두 배가 될 테니 자신만 있다면 배당을 받는 대신 사업 확장을 택할 수도 있는 것이죠.

결국 사업을 확장해서 식당이 두 곳이 됐습니다. 그런데 이때 누군가가 이 회사의 기존 주주 한 명에게 다가와 "이 회사에 1,000만 원 투자했죠? 내가 1,000만 원 드릴 테니 주식 나한테 파실래요?"라고 물어봅니다.

앞서 살펴본 것처럼 주식은 사고팔 수 있습니다. 하지만 가격이 문제죠. 기존 주주가 처음 냈던 돈은 1,000만 원이지만, 그렇다고 지금 그 주식을 1,000만 원에 파는 건 바보짓입니다. 왜냐고요? 처음에야 식당이 한 곳이었지만 지금은 두 곳으로 늘어났잖아요. 게다가 올해 장사가 또 잘되면 내년에는 식당이 세 곳, 혹은 네 곳으로 늘어날 수도 있지 않겠어요?

당연히 기존 주주는 "1,000만 원에는 못 팝니다."라며 거절합니다. 이 식당의 주주가 꼭 되고 싶었던 새로운 투자자는 "그러면 식당이 두 곳으로 늘었으니 2,000만 원 드리겠습니다."라고 새로운 제안을 합니다. 하지만 여전히 기존 주주는 마뜩잖습니다. 내년에 사업이 잘되면 식당이 서너 곳으로 늘어날 것 같거든요. 그래서 또 거절합니다.

새로운 투자자는 여전히 이 식당의 미래를 밝게 보고 있습니다. 그래서 "좋습니다. 제가 통 크게 3,000만 원 드릴게요. 파시죠!"라고 요구합니다. 그제야 기존 주주는 생각을 고쳐먹습니다. 물론 시간이 지날수록 사업이 더 번창할 수는 있지만, 실패할 가능성도 염두에 둬야 합니다. 게다가 1,000만 원을 투자했는데 3,000만 원을 돌려받으면 충분하다는 생각도 듭니다. 그래서 마침내 기존 주주는 "3,000만 원, 콜!"을 외칩니다. 이렇게 주식이 팔리고 나면 기존 주주는 투자한 돈 1,000만 원이 3,000만 원으로 불어나는 기쁨을 느낄 수 있습니다.

이렇게 해서 번 돈을 '시세 차익(時勢差益)'이라고 부릅니다. 일정한 시기에 주가가 올라 발생하는 이익을 뜻하죠. 주식 투자로 돈을 벌 수 있는 두 번째 방법이 바로 이것입니다. 배당을 받는 게 아니라, 회사를 성장시켜서 처음 투자한 돈보다 비싸게 주식을 파는 겁니다.

이제 우리는 주식 투자로 돈을 벌 수 있는 두 가지 방법을 배웠습니다. 배당을 받거나, 시세 차익을 노리는 거죠. 그런데 이 두 가지 방법에는 공통점이 있습니다. 둘 다 회사가 사업을 잘해서 돈을 잘 벌어야 가능하다는 점입니다. 즉 주식 투자로 돈을 버는 일은 투자한 회사의 사업이 번창해야 가능합니다.

앞서 주식 투자로 세계 2위의 부자가 된 버핏의 철학이 '주식을 사지 않고, 기업을 산다'는 거라고 했죠? 이게 바로 그런 의미입니다. 사업을 잘할 것 같은 기업에 투자하는 것이 바로 버핏이 주식 투자에 성공한 비결이었습니다.

말도 안 되는 헛소문을 믿거나, 주식을 기막힌 타이밍에 사고팔아 돈을 남기려고 하는 것은 주식 투자의 본질이 아닙니다. 그런 것은 투자가 아니라 투기라고 부릅니다. 그런데도 순식간에 떼돈을 벌 수 있다는 유혹을 이기지 못하고 투기에 빠지는 사람들이 많죠. 여러분은 오늘 이 사실 하나만은 꼭 기억해야 합니다. 배당이건 시세 차익이건 결국 사업을 잘할 것 같은 기업에 투자하는 것이 주식 투자의 본질이라는 사실을요.

☆텍스 헤븐? 아니 텍스 헤이븐!

모든 소득에는 세금이라는 것이 붙습니다. 배당이나 시세 차익도 엄연한 소득이기 때문에 당연히 세금이 매겨지죠. 정확히 말하면 배당에는 지금도 세금을 물리고, 개인 투자자들이 얻은 시세 차익에는 2023년부터 세금이 부과될 예정입니다.

그런데 세상에는 어떻게든 세금 좀 덜 내겠다고 애를 쓰는 사람들이 있는 법입니다. 이런 사람들이 종종 이용하는 조세 피난처(Tax Haven)라는 곳이 있습니다. 한때 우리나라에서는 이 단어를 '조세 천국'으로 번역하기도 했는데 이는 엉터리 번역입니다. 피난처라는 뜻의 haven(헤이븐)이라는 단어는 천국을 뜻하는 heaven(헤븐)과 철자도, 발음도 다르거든요.

그렇다면 조세 피난처는 뭘까요? 세계 여러 나라 중에는 기업에 세금을 안 물리는(혹은 아주 조금만 물리는) 나라가 있습니다. 도대체 왜 그럴까요? 이 나라들은 "우리는 기업에 세금을 안 물려요. 그러니까 우리나라로 본사를 옮기세요."라고 홍보해 수많은 기업을 자기 나라로 끌어들입니다. 그러면 세금 내기 싫은 회사들이 조세 피난처에 몰릴 것이고, 그 회사가 땅도 사고 건물도 짓고 직원도 고용할 것이니 세금을 내지 않더라도 국가에 이익이 된다는 심산이죠.

특히 금융 기업이 조세 피난처를 많이 이용합니다. 제조 기업은 옮

기고 싶어도 공장을 옮길 수 없으니 조세 피난처를 이용하기 어렵습니다. 하지만 금융 기업은 사무실 하나만 있으면 어디서든 얼마든지 금융거래를 할 수 있으니 조세 피난처를 애용하는 편이죠.

사실 이런 제도는 매우 비정상적입니다. 정상적인 나라라면 세금을 제대로 걷어야죠! 그래서 조세 피난처로 꼽히는 나라들은 스위스나 오스트리아 같은 몇몇 선진국을 빼면 대부분 이름도 생소한 소국이거나 자치령, 혹은 작은 섬입니다. 이렇게라도 기업을 끌어들이지 않으면 살아남기 어려운 나라들이 이런 극단적인 방법을 동원하는 겁니다. 예를 들면 카리브해의 섬나라인 바하마나 케이맨제도, 북미와 남미를 잇는 파나마 등이 세계적인 조세 피난처로 꼽힙니다.

아시아에서는 말레이시아의 작은 섬 라부안이 배당과 시세 차익에 세금을 물리지 않는 곳으로 유명했습니다. 그래서 한국 투자자들이 한때 이곳을 드나들며 이름뿐인 작은 회사를 하나 만들고 이 회사 이름으로 주식 투자를 했죠. 2000년대 초반까지 이곳을 방문하면 현지 브로커들이 한 시간 만에 한국 회사 하나를 뚝딱 설립해 줬다고 하네요. 요즘은 한국 국세청과 말레이시아 정부가 협약을 맺어 이런 탈세 투자자들을 끈질기게 추적하는 바람에 라부안의 인기가 예전 같지 않답니다.

주가는 어떻게 오르내릴까
- 수요와 공급의 원리 -

수요와 공급, 그리고 가격

우리가 살고 있는 자본주의 시장경제에서 상품의 가격은 수요와 공급에 의해 결정됩니다. '수요'란 '사람들이 어떤 물건을 사려는 욕구'이고, '공급'은 '생산자가 판매를 위해 시장에 물건을 제공하는 일'을 말합니다. 그렇다면 수요와 공급이 시장에서 어떻게 상호작용하는

지 살펴볼까요? 상인이 팔려고 내놓은 물건(공급)은 한 개뿐인데, 그 물건을 사려는 사람들의 욕구(수요)가 매우 강하다면 물건의 가격이 올라갑니다. 세상에 수박이 딱 1통밖에 없는데 그것을 기필코 먹으려는 사람이 10명이나 된다면, 수박 가격이 1통에 10만 원까지 올라도 누군가는 그 돈을 내고 수박을 사 먹을 테니까요.

반대로 공급은 많은데 수요가 적다면 상품의 가격은 내려갑니다. 풍년이 들어 수박을 100통이나 수확했는데 수박을 사 먹고 싶은 사람이 10명뿐이라면, 평소처럼 1통에 2만 원이나 받고 팔았다가는 아마 10통밖에 못 팔 겁니다. 이럴 때 수박 장수는 수박값을 1통에 5,000원 정도로 확 내려서 소비자들이 '싼 맛'에라도 수박을 사 먹도록 유도해야겠죠.

주식도 주식시장에서 거래되는 상품입니다. 따라서 주식의 가격도 수요와 공급에 의해 결정됩니다. 어떤 주식이 있습니다. 이 주식을 팔겠다고 내놓은 물량은 얼마 없는데, 사려는 사람이 많으면 주가가 오르게 됩니다. 사려는 사람들은 가격을 올려서라도 그 주식을 손에 넣으려고 할 테니까요. 반대로 주식을 팔겠다는 사람은 넘쳐 나는데, 사려는 사람이 거의 없다면 주가가 떨어집니다. 파는 쪽에서는 가격을 떨어뜨려야 그나마 싼 맛에 주식을 사려는 사람들을 유혹할 수 있으니까요.

이처럼 주가도 다른 상품과 마찬가지로 수요와 공급에 의해 결정

된다는 사실을 염두에 두고, 실제로 주가가 어떻게 변하는지 지금부터 살펴보겠습니다.

주문창을 이해하자

'주문창'이라는 것을 통해 주가의 변화를 설명해 볼까 합니다. 여러분이 직접 주식 투자를 해 보지 않았다면 주문창을 이해하기는 조금 어렵습니다. 간단히 설명하자면 주문창은 실제로 주식을 사고파는 사람들이 인터넷으로 주문을 내는 창을 뜻합니다. 이해를 돕기 위해 실제 주문창 이미지를 가져왔습니다.

JYP엔터테인먼트 주문창(2021년 2월 5일)

어때요, 무척 복잡해 보이죠? 하지만 겁먹을 필요는 없습니다. 우리의 목적은 실제로 주식 주문을 하는 것이 아니라 주가가 오르내리는 원리를 이해하는 것이니까요. 앞 페이지의 주문창은 여러분에게 매우 익숙한 JYP엔터테인먼트'의 2021년 2월 5일 자 주문창입니다. JYP엔터테인먼트도 주식회사이기 때문에 여러분도 이 회사 주식을 (돈만 있으면!) 살 수 있습니다. 복잡한 부분은 다 떼어 버리고 주문창의 핵심적인 부분만 보겠습니다. 우선 맨 윗줄부터 볼까요?

33,350▼	100	-0.30%

왼쪽에 적혀 있는 33,350은 현재 이 종목의 가격을 말합니다. 증시에서 빨간색은 주가 상승을, 파란색은 주가 하락을 뜻하는데요. 숫자가 파란색으로 적혀 있는 걸 보니 JYP엔터테인먼트의 이날 주가는 내려갔군요. 그렇다면 얼마나 떨어졌을까요? 바로 옆에 100이라고 적혀 있죠? 100원 내려갔다는 뜻입니다. 전날에 비해 떨어진 비율도 옆에 적혀 있군요. 0.30% 하락했습니다.

어렵지 않죠? 이 첫 줄만 볼 줄 알면 대략 이 종목의 주가 현황을 짐작할 수 있답니다. 다음으로 알아 두어야 할 것은 빨간 선으로 표시된 그림의 가운데 칸입니다. 이 부분만 떼어서 간단히 표로 그려 보겠습니다.

3,569	33,600	
638	33,550	
1,349	33,500	
2,137	33,450	
2,228	33,400	
	33,350	3,022
	33,300	2,150
	33,250	698
	33,200	2,073
	33,150	1,304

현재 JYP엔터테인먼트의 주가가 33,350원이라고 했죠? 이 말은 이 주식이 최종적으로 거래된 가격이 바로 33,350원이라는 뜻입니다. 이 표에서 가운데 칸에 나와 있는 숫자들(33,600부터 33,150까지)은 모두 가격을 가리킵니다. 파란색 숫자는 전날보다 내려간 상태라는 뜻이고, 빨간색 숫자는 전날보다 올라간 상태라는 뜻이고요. 아, 유일하게 하나 있는 검정색은 전날과 같다는 뜻입니다.

표 왼쪽 칸에 나와 있는 숫자들(3,569부터 2,228까지)은 주식을 팔겠다는 사람들이 내놓은 물량(단위: 주)입니다. 반대로 표 오른쪽 칸에 나와 있는 숫자들(3,022부터 1,304까지)은 주식을 사겠다는 사람들이 주문한 물량이고요. 기억해 두세요. 가운데 숫자는 가격, 왼쪽은 팔겠다는 물량, 오른쪽은 사겠다는 물량입니다.

주가는 어떻게 변할까?

그럼 지금부터 주가가 변하는 과정을 직접 살펴보겠습니다. 앞의 표를 보니 JYP엔터테인먼트의 현재 주가 33,350원에 사려는 물량은 3,022주인 것으로 확인됐습니다(표 위에서 여섯 번째 줄 참고). 그런데 팔려는 쪽 주문은 '33,350원은 너무 싸서 못 팔겠으니 최소한 33,400원 이상은 받아야겠다'는 것들뿐이네요. 그중 33,400원에 팔려는 물량은 2,228주입니다(표 위에서 다섯 번째 줄 참고).

이때 영진박이라는 한 투자자가 JYP엔터테인먼트의 미래를 무척 밝게 봤다고 가정해 보죠. 작년 가을에 새로 나온 트와이스의 정규 앨범이 대박 나서 회사 실적이 매우 좋아질 것 같은 느낌이 든 겁니다. 그래서 영진박 씨는 지금 이 회사의 주식을 최대한 많이 사 두려고 합니다. 이런 사람이 늘어날수록 JYP엔터테인먼트 주식에 대한 수요가 많아질 것이고, 앞에서 배웠듯 수요가 많아지면 주가가 오를 겁니다.

이에 영진박 씨는 현재 주가인 33,350원은 물론 33,400원에 팔겠다고 나온 주식도 모두 사들이기로 합니다. 영진박 씨가 이 주식을 모두 사겠다고 온라인으로 주문을 넣으면, 인터넷을 통해 거래가 체결됩니다. 이러면 주문창에 어떤 변화가 나타날까요? 맨 윗줄이 다음과 같이 변할 겁니다.

| 33,400▼ | 50 | −0.15% |

변화를 눈치 챘나요? 먼저 주가가 변했습니다. 33,350원에서 33,400원으로 높아졌네요. 왜냐고요? 바로 직전에 33,400원에 거래가 됐기 때문입니다(영진박 씨가 사 갔습니다). 그리고 가장 최근에 거래된 가격이 바로 그 종목의 주가가 됩니다. 또 주가가 변하니 전날 대비 변화한 금액(100→50)과 변화율(-0.30%→-0.15%)도 모두 바뀌게 됩니다. 금액이 100에서 50으로 변한 것도 이해되죠? 주가가 50원 오르는 바람에 전날 대비 하락폭이 50원으로 줄어든 겁니다.

이 상태에서 영진박 씨가 내친김에 33,450원에 팔겠다고 나온 주식(2,137주)도 모두 사들이면 주가는 33,450원이 되겠죠. 여세를 몰아 33,500원에 팔겠다고 나온 주식(1,349주)도 싹쓸이하면 주가는 33,500원이 됩니다.

이런 식으로 사겠다는 사람이 적극적이면 주가가 오르게 됩니다. 반대로 이 회사 주주였던 사람이 사정이 급해서 보유한 주식을 팔아야 한다면, 마찬가지 원리로 주가는 한 칸 한 칸 차례대로 떨어지겠죠. 사정이 급한 만큼 싼 가격에 주식을 내놓을 테니까요. 어떤가요? 이제 실제로 주가가 어떤 원리로 오르내리는지 대략 이해되죠?

알.쓸.신.주. 알아두면 쓸모 있는 신기한 주식 이야기

☆주가가 오르면 빨간색, 떨어지면 파란색!

시황판*에 주식의 가격을 나타낼 때 색깔을 달리 표시한다는 사실, 알고 있나요? 우리나라에서는 주가 상승을 빨간색으로, 주가 하락 은 파란색으로 표시합니다. 그리고 예외적으로 주가에 변동이 없는 경우는 검은색으로 표시하죠. 예를 들어 샛별전자 주식의 가격이 어 제 10,000원에서 오늘 11,000원으로 올랐다고 해 봅시다. 이때 샛 별전자의 오늘 주가는 이렇게 표시합니다. '샛별전자 11,000원'. 반 대로 오늘 샛별전자의 주가가 9,000원으로 하락했다면 다음과 같 이 표시하죠. '샛별전자 9,000원'.

단지 오늘의 주가를 표시한 것뿐이지만, 색깔이 다르기 때문에 이 회사의 주가가 어제보다 올랐는지 내렸는지를 단번에 파악할 수 있 습니다. 만약 'JYP엔터테인먼트 35,000원'이라고 적혀 있다면 '아, 이 회사 주가가 오늘 올라서 35,000원이 됐구나.'라고 판단할 수 있 죠. 반대로 'JYP엔터테인먼트 35,000원'이라고 적혀 있다면 '오늘 은 어제보다 주가가 떨어졌구나.' 하고 파악할 수 있는 겁니다.

그런데 어딘가 좀 이상하지 않나요? 보통 파란색은 긍정적인 신호 를 뜻하고, 빨간색은 부정적이거나 경고의 의미를 담고 있는 경우가 많잖아요. 신호등도 파란불일 때는 건너고 빨간불일 때는 멈추는 것 처럼 말이죠. 실제로 미국이나 유럽 등에서는 우리나라와 반대로 빨간색이 주가 하락을, 파란색이 주가 상승을 의미합니다. 사실 이게 좀 더 일반적인 정서에 맞는 표시 방법이긴 하죠. 하지만 우리나라는 무슨 이유에서인지 색을 반대로 쓰고 있습니다.

그래서 우리 증시에서는 시황판에 빨간색으로 표시된 숫자가 많을수록 더 기쁜 날이 됩니다. 우리나라에서는 이런 날을 '증시가 단풍빛깔로 물들었다'고 표현하죠. 반대로 미국 증시에서는 빨간색이 많을수록 우울한 날이 됩니다. 미국 투자자들은 이런 날을 '피로 물든 날(Bloody Day)'이라고 부른답니다.

왜 우리나라 증시에서 미국이나 유럽과 반대로 색을 사용하는지에 대해서는 알려진 바가 거의 없습니다. 다만 일본의 영향을 받았을 거라고 추측해 볼 수 있습니다. 일본도 우리나라와 마찬가지로 주가 상승을 빨간색으로, 주가 하락을 파란색으로 표시하거든요. 하지만 이는 어디까지나 추정일 뿐, 확실한 근거가 있는 이야기는 아니랍니다.

★   상품이나 주식 따위가 시장에서 매매되거나 거래되는 상황을 보여 주는 전광판.

주주에게 전달되는 초대장

- 주주총회 -

오마하에서 열리는 자본주의 축제

매년 5월이면 미국 네브래스카주에 속한 인구 46만 명의 작은 도시 오마하에서는 축제가 열립니다. 이 축제의 이름은 '버크셔 해서웨이(Berkshire Hathaway)의 주주총회'입니다. 버크셔 해서웨이는 앞에서도 잠깐 언급했던 세계 최고의 주식 투자자 워런 버핏이 이끄는 투자회사입니다. 버핏은 주식 투자 하나로 세계 4위의 대부호에 오른 전설적 인물이죠.

놀라운 것은 이 회사의 주주총회가 무려 2박 3일 동안 열린다는 사실입니다. 버핏은 "회사의 주인은 주주들이다."라는 굳은 신념을 가진 사람입니다. 그 때문인지 버핏은 주주총회를 회사의 최고 축제라고 생각하죠. 주인님들을 모시고 1년을 결산하는 자리인데 어찌 소홀할 수 있겠냐는 게 그의 철학입니다.

주주총회 첫날은 보통 '쇼핑 데이'로 진행됩니다. 대형 컨벤션 센터를 통째로 빌려 버크셔 해서웨이가 투자한 회사의 제품을 골고루 쇼핑할 수 있는 기회를 제공하죠. 버핏은 주식을 사면 자신이 그 회사의 주인이 됐다고 진짜로 믿는 사람입니다. 실제 버핏이 가장 오래 보유한 주식 중 하나가 코카콜라인데, 버핏은 평소에도 코카콜라만 마시는 것으로 유명합니다. 펩시콜라가 왠지 처량해지는군요!

둘째 날에는 주주총회의 하이라이트인 연례 회의(Annual Meeting)가 열립니다. 1930년생인 버핏은 이미 아흔을 넘긴 노장입니다. 사실 이 책에서는 버핏을 살아 있는 인물로 묘사하지만, 책이 출판된 다음 버핏이 세상을 떠나도 이상하지 않을 나이죠. 그런데 이 노장이 주주총회 자리에 직접 나와 주주들의 질문 하나하나에 세세하게 답을 합니다. 회사 주인인 주주님들이 물어보시는데 경영자로서 절대 허투루 답할 수 없다는 것이 버핏의 설명입니다.

마지막 날 행사는 매년 조금씩 바뀌는데 2018년에는 특이하게도 5km 자선 마라톤 대회를 열었습니다. 대회를 통해 모인 돈은 모두 사회의 어려운 곳에 기부했습니다.

"회사의 주인은 오로지 주주뿐이다."라는 버핏의 관점이 옳은지는 별개의 문제입니다. 사실 저는 개인적으로 '주주만이 회사의 주인이다'라는 주주 제일주의에 별로 동의하지 않거든요. 하나의 회사가 문제없이 굴러가기 위해서는 그 회사의 발전을 위해 헌신하는 노동자도 있어야 하고, 그 회사 제품을 소비해 돈을 벌게 해 주는 소비자도 있어야 합니다. 모두가 주인 대접을 받아 마땅한 사람들이죠.

하지만 비록 주주 제일주의에 동의할 수 없다 해도, 이 정도의 품격을 갖추면 존경스러운 구석이 있는 겁니다. 버크셔 해서웨이의 주주총회는 "이것이 바로 진정한 주주 존중 경영이다"를 말하는 듯합니다.

여담이지만 이 부러운 축제에 참가하는 게 쉬운 일은 아닙니다. 주주총회에 참석하려면 당연히 주주가 돼야 합니다. 그리고 버크셔 해서웨이의 주주가 되기 위해서는 이 회사 주식을 단 한 주만 가지고 있어도 됩니다. 문제는 이 회사 주식의 가격이 한 주당 대략 30만 달러쯤 한다는 점입니다. 즉 오마하의 축제에 참여하기 위해서는 최소한 3억 5,000만 원가량의 거금이 있어야 합니다! 주주총회에 참석할 자격을 얻는 일도 쉬운 게 아니군요.

주주총회 참석 자격은 무엇일까

앞에서 우리는 회사의 중요한 일을 결정할 때 주주들이 모여 주주총회라는 회의를 연다고 배웠습니다. 그렇다면 언제 이런 회의를 열까요? 주주가 열 명밖에 안 되는 회사라면 시도 때도 없이 모여 회의를 열 수 있겠죠. 하지만 요즘은 회사 규모가 커져서 이렇게 모일 수가 없습니다. 삼성전자의 경우 발행 주식 숫자만 60억 주에 육박하거든요.

그래서 1년에 한 번, 한 해의 사업을 마무리하고 새해 목표를 발표할 때 정기적으로 회의를 엽니다. 이런 회의를 정기 주주총회라고 하죠. 여기서 회사를 이끌 대표도 뽑고, 임원도 선출하고, 배당을 얼마 줄 것인지도 결정합니다. 축제처럼 열리는 버크셔 해서웨이의 주주총회도 바로 1년 결산 정기 주주총회입니다. 주식회사의 행사 중 가장 큰 행사라고 할 수 있죠.

하지만 워낙 사업 환경이 빨리 변하다 보니 1년에 한 번 회의를 여는 것만으로는 불충분할 때가 있습니다. 그때그때 신속하게 중요한 사안을 결정해야 할 일이 생기거든요. 예를 들어 대표를 갑자기 교체해야 할 때, 다른 회사와 합병을 할 때, 돈이 부족해서 새로 주식을 찍어야 할 때, 사업 방향을 완전히 바꿔야 할 때 등 매우 중요한 사안을 결정해야 할 경우에는 주주들의 동의를 얻어야 합니다. 이럴 때 임시 주주총회라는 것을 엽니다.

정기 주주총회에 참여할 자격을 얻기 위해서는 배당 기준일에 주주로 등록돼 있어야 합니다. 다시 말해 한 해의 배당 기준일이 12월 28일이라면, 그날 증시가 마감한 그 순간에 주주여야 합니다. 1년 365일 내내 주주가 아니었다가, 12월 28일 증시가 끝나는 순간 단 1분만 주주여도 상관없습니다. 이 사람들이 배당도 받고, 정기 주주총회에 참석할 권리도 얻습니다.

그렇다면 임시 주주총회에 참가할 자격은 누가 얻을까요? 직전 해 배당 기준일에 주주로 등록되면 임시 주주총회도 참석할 수 있을까요? 그렇지 않습니다. 임시 주주총회에 참석할 주주는 따로 기준이 되는 날을 정합니다. 그리고 그날을 미리 공개하죠. 예를 들어 10월 10일에 임시 주주총회를 열기로 한 회사가 있다고 해 보죠. 그러면 이 회사는 두 달 전쯤 이렇게 공고합니다.

"우리 회사가 10월 10일에 임시 주주총회를 개최합니다. 이 회의에 참석할 권한은 9월 10일에 주주인 분들로 제한됩니다."라는 식입니다. 즉 이 말은 9월 10일 주주로 등재돼 있는 주주들에게만 10월 10일 임시 주주총회에 참석할 권리를 준다는 뜻입니다.

이런 날을 '주주 명부 폐쇄일'이라고 부릅니다. 앞에서도 언급했는데 기억나죠? 회사는 9월 10일 주식거래가 끝난 직후, 그날 이 회사의 주식을 보유하고 있는 이들을 주주총회에 참여할 주주 명단으로 최종 확정합니다. 그리고 이 명단을 더 이상 변경하지 않습니다. 누군가가 그다음 날 아무리 많은 주식을 사도 10월 10일 열리는 임시 주주총회에는 참여할 수 없습니다. 주주 명부를 이미 폐쇄했기 때문입니다.

결산 방식에 따라 배당 기준일도 다르다

정기 주주총회에 대해 한 가지 더 참고할 일이 있습니다. 보통 회사들은 1월 1일 새해를 시작해서 12월 31일 한 해를 마칩니다. "뭐 그런 당연한 이야기를!"이라며 화내지는 말아 주세요. 이런 당연한 이야기를 하는 이유가 있습니다. 대부분의 회사가 그렇게 하는데, 1년을 좀 다르게 보는 예외적인 회사도 있기 때문입니다.

예를 들면 4월 1일을 새해 첫날로 삼은 뒤 이듬해 3월 31일에 한 해를 마감하는 회사도 있습니다. 이런 회사는 1년 회계장부의 모습도 좀 다릅니다. 회계장부의 첫 달이 4월, 마지막 달이 이듬해 3월로 기록되죠. 이런 회사를 3월 결산 법인이라고 부릅니다. 3월 마지막 날이 결산일, 즉 1년 동안 번 돈과 쓴 돈을 총 정리해서 회계장부에 기록하는 날이기 때문입니다.

7월 1일에 한 해를 시작해서 이듬해 6월 30일에 그해를 마무리하는 6월 결산 법인도 있고, 10월 1일에 한 해를 시작해서 이듬해 9월 30일에 그해를 마무리하는 9월 결산 법인도 있습니다. "혹시 5월 5일 어린이날에 한 해를 시작해서 이듬해 5월 4일에 한 해를 마무리하는 '5월 4일 결산 법인'도 있나요?"라고 묻지는 말아 주세요. 만들자면 못 만들 건 없겠지만 아직 그런 회사는 보지 못했습니다. 대부분 분기 단위로, 즉 3월, 6월, 9월, 12월 마지막 날에 결산을 합니다. 그리고 그중에서도 1월 1일에 한 해를 시작해 12월 31일에 결산을 하는 12월 결산 법인이 압도적으로 많습니다.

일반적으로 기업의 회계 결산일은 배당 기준일과 똑같습니다. 12월에 결산하는 기업의 배당 기준일은 12월 31일인 식이죠. 그런데 문제가 있습니다. 12월 31일에는 주식시장이 문을 열지 않거든요. 그래서 명목상 배당 기준일은 12월 31일이라고 해도, 실질적인 배당 기준일은 연중 마지막 주식거래일인 12월 30일이 됩니다. 12월 30일에 주식을 가지고 있어야 배당을 받을 수 있고, 정기 주주총회에 참석할 수도 있는 거죠.

주의할 점은 연말의 증시 일정에 따라 배당 기준일이 변하기도 한다는 것입니다. 12월 31일이 토요일, 일요일, 또는 국경일에 걸리면 주식시장은 앞당겨서 하루를 쉬거든요. 예를 들어 12월 31일이 일요일이라면 금요일인 12월 29일에 휴장하는 식입니다. 이렇게 되면 연중 마지막 주식거래일이 12월 28일이 되고, 실질적인 배당 기준일도 12월 28일이 됩니다. 이 경우 정기 주주총회에 참석하려면 12월 28일에는 주주로 등록되어 있어야겠지요?

알아두면 쓸모 있는 신기한 주식 이야기

☆주주 참여를 막는 슈퍼 주총 위크

주식회사들은 1년 사업의 결산 결과를 주주들에게 보고하는 정기 주주총회(주총)를 연다고 했습니다. 그렇다면 정확히 이 정기 주주총회가 언제 열릴까요? 우리나라 기업 대부분이 12월 결산 법인이라고 했죠? 그래서 여기서는 12월 결산 법인을 기준으로 정기 주주총회 날짜를 검토해 보겠습니다.

이 회사들이 1년치 회계장부를 정리하는 데는 대략 2개월 정도가 걸립니다. 1월부터 2월까지 회계장부를 정리하는 거죠. 그래서 대부분 12월 결산 법인들은 3월에 주주총회를 개최합니다. 이러다 보니 3월에는 엄청나게 많은 회사의 주주총회가 몰립니다. 특히 3월 말이면 수백 개 회사의 주총이 한꺼번에 열리기도 하죠.

예를 들어 2020년의 경우 3월 23일(월)에 134개 회사가, 24일(화)에 356개 회사가, 25일(수)에 194개 회사가, 26일(목)에 168개 회사가, 27일(금)에 무려 670개 회사가 주주총회를 열었습니다. 28일 토요일에 주주총회를 연 1개 회사까지 포함해 그 주에만 1,523개 회사가 주총을 개최했죠. 그래서 언론에서는 이런 주를 '슈퍼 주총 위크'라고 부르기도 합니다.

그런데 사실 이런 방식은 좀 문제가 있습니다. 하루에 670개 회사가 주주총회를 여는데, 시간대도 대략 오전 9시에서 10시로 비슷하거든요. 문제는 투자자들이 한 종목에만 투자하는 경우는 거의 없다는 데 있습니다. 대부분 네다섯 개 회사에, 많게는 수십 개 회사에 투자하는 사람도 있죠. 그런데 주주총회가 하루에 왕창 열리면 시간이 겹치는 일이 생깁니다. 사람 몸이 하나인데 여러 회사의 주총에 참가할 수는 없는 노릇이죠. 한국의 회사들이 이렇게 주주총회를 동시에 개최하는 관행은 사실상 소액주주의 주총 참여를 봉쇄하는 기능을 했습니다.

그런데 일부 회사들은 일부러 주주총회 날짜를 사전에 담합해 주총 자체를 형식적으로 만드는 꼼수를 씁니다. 주주들이 회의에서 이것저것 시비를 거는 게 귀찮으니, 여러 회사가 동시에 주총을 열어 버리는 거죠. 대주주가 상정한 안건에 소액주주들이 반대를 할 경우 회사가 원하는 대로 사업을 진행하기 힘들다는 이유입니다.

이런 이유로 요즘은 "주주총회에도 전자 투표를 도입해야 한다"는 목소리가 높아지고 있습니다. 주총 참여를 못하더라도 온라인으로 주요 안건에 투표할 수 있도록 해야 한다는 거죠. 오랫동안 한국 기업들은 전자 투표에 대해 부정적이었습니다. 하지만 2020년 코로나19 사태가 발생하면서 전자 투표를 도입하는 회사가 많이 늘었습니다. 현실적으로 많은 사람이 모이는 주주총회를 개최하기 어렵다는 여론 덕이었죠. 아무튼 이렇게라도 소액주주들이 주총에 참여할 길이 넓어진 것은 바람직한 현상 아닐까요?

암호 같은 주식 용어 풀어 보기

주식 이름 뒤에 붙은 '우'의 정체

- 우선주와 배당의 비밀 -

'우선주'는 우수한 주식이 아니다

"역시 주식은 절대 할 게 못 돼. 이 자식들 하는 말이 온통 거짓말 뿐이야. 앞으로 다신 주식시장에 얼씬도 하지 말아야겠어!"

"왜 그러시는데요?"

"이름만 대면 알 만한 대기업 주식인데, '특별히 우수한 주식'이라는 표시까지 돼 있는 걸 샀는데도 주가가 엄청 떨어졌어!"

"'특별히 우수한 주식'이라는 표시가 있는 주식이 있다고요?"

"어, 내가 LG전자 주식을 사려다가 잘 살펴보니 'LG전자우'라고 적힌 주식이 있는 거야. 여기서 '우'라는 글자가 '우수한 주식'이라는 뜻 아냐?"

"…."

과거에 증권 기자로 일할 때 주식에 대해 잘 모르는 어떤 개인 투자자로부터 직접 들은 이야기입니다. 황당한 이야기인데(독자 여러분은 아직 이 이야기가 왜 황당한지 잘 모르시겠죠) 현실 세계에서 정말로 이런 오해가 가끔 생기기 때문에 크게 웃지도 못했습니다.

앞에서 우리는 주식으로 돈을 벌 수 있다는 사실을 배웠습니다. 그 대표적 방법이 시세 차익을 얻거나 배당을 받는 것이라는 사실도 공부했죠. 그래서 돈을 벌겠다는 생각으로 주식을 사기로 결심합니다. 여러 종목을 골라 보는데, 그중에 '우'라는 글자가 뒤에 붙어 있는 게 눈에 띕니다. 예를 들어 LG전자의 경우 'LG전자'라는 주식도 있고, 'LG전자우'라는 이름의 주식도 있습니다. 삼성전자도 마찬가지입니다. '삼성전자우'라는 이름의 주식이 있습니다.

앞에서 억울해했던 그 투자자는 이 '우'라는 글자가 '우수하다'는 뜻의 약자라고 생각했던 모양입니다. 하하, 그럴 리가요! 주식시장은 우수상을 시상하는 곳이 아닙니다.

사실 그분이 조금만 더 집중해서 살펴봤다면 '우'라는 글자가 절대 '우수하다'는 뜻이 아니라는 사실을 금방 알아챘을 겁니다. 왜냐하면 '우'라는 글자가 붙은 주식은 대부분 가격이 매우 싸기 때문입니다. 예를 들어 '삼성전자우'의 가격은 '삼성전자'에 비해 10~20% 쌉니다. 심지어 'LG전자우'의 가격은 'LG전자'의 반값도 안 될 때가 많습니다. 싼게 비지떡이라는 말도 있잖아요? 가격이 이렇게 쌀 때는 다 이유가 있는 겁니다.

주식을 새로 찍었을 때 장단점

앞에서 우리는 주식이란 '주주들이 회사에 돈을 투자했다는 증명서'라는 사실을 배웠습니다. 그런데 회사를 운영하다 보면 회사를 설립할 때뿐만이 아니라, 사업을 하는 도중에도 돈이 더 필요할 때가 있습니다. 이때에도 회사는 추가로 주식을 발행할 수 있습니다. 종이 쪼가리에 '1만 원'이라고 적은 뒤 "투자자 여러분, 이 종이 쪼가리를 돈 내고 사세요."라고 유혹하는 거죠.

회사는 이 종이 쪼가리를 판 돈으로 새로운 사업 자금을 마련하죠. 그리고 새로 발행한 종이 쪼가리를 산 사람들도 당연히 회사의 새로운 주주가 됩니다. 기존 주주들과 마찬가지로 주주총회에서 회사의 중요한 일을 결정할 때 투표를 할 권리와 배당을 받을 권리도 갖죠.

문제는 회사 입장에서 이게 좀 부담스러울 수 있다는 겁니다. 왜냐하면 새로운 주주들이 늘어나는 만큼 기존 주주들의 입지가 약해지거든요.

예를 들어 매년 전체적으로 배당을 10만 원씩 해 온 회사의 발행 주식이 10주라면, 이 회사는 1주당 1만 원씩 배당금을 나눠 주면 됩니다. 그런데 종이 쪼가리를 더 찍어서 발행 주식이 20주로 늘어나면 배당금은 1주당 5,000원으로 줄어들죠. 그나마 이 문제는 어찌어찌 해결이 가능합니다. 새로 마련한 자금으로 사업을 잘해서 돈을 더 많이 번 뒤 배당금 총액을 10만 원에서 20만 원으로 늘리면 되니까요.

문제는 새로운 주주들도 기존 주주와 마찬가지로 회사 일을 결정할 권리를 갖는다는 점입니다. 종이 쪼가리를 새로 발행하기 전에 1주를 보유한 주주는 그 회사의 전체 투표권 중 10%(10주 중 1주)를 가지고 있었습니다. 그런데 전체 발행 주식이 20주로 늘어나면 1주당 권한이 10%에서 5%(20주 중 1주)로 줄어들죠. 기존 주주들의 힘이 그만큼 약해진다는 뜻입니다.

특히 회사를 직접 경영하는 최대 주주들은 이런 문제에 매우 민감합니다. 어찌 됐건 지금까지는 주주들의 대표로 회사를 경영했는데, 돈이 필요하다고 주식을 새로 찍어 냈다가 자기들의 권한이 크게 줄어 자칫하면 경영권을 내놓는 일이 생길 수도 있거든요.

우선주, 왜 발행할까

이 문제를 해결할 절묘한 방법이 있습니다. 그게 바로 이번 장의 주제인 우선주입니다. 우선주란 보통주(일반적인 주식)와 마찬가지로 종이 쪼가리에 액수를 적은 뒤 투자자에게 파는 주식입니다. 그런데 이 주식에는 보통주와 다른 점이 몇 가지 있습니다. 보통주를 갖고 있으면 배당을 받을 권리와 주주총회에서 투표를 할 권리 모두를 얻죠. 하지만 우선주에게는 배당을 받을 권리만 주어질 뿐, 주주총회에서 투표를 할 권리는 부여되지 않습니다.

"에이, 그러면 반쪽짜리 주식이잖아요? 그런 주식을 누가 사나요?" 라는 의심은 매우 당연합니다. 같은 값이면 투표할 권리까지 있는 보통주를 사는 게 훨씬 유리하죠! 그래서 우선주를 발행할 때는 주주들에게 다른 보너스 혜택을 줍니다. 주주총회에 참여할 권리를 안 주는 대신, 배당을 더 많이 주는 겁니다. 예를 들어 LG전자의 경우 2020년 보통주에는 1주당 750원의 배당금을 줬습니다. 그런데 우선주에는 1주당 800원의 배당금을 지급했죠. 이런 식으로 회사들은 우선주에 배당금을 더 많이 줍니다.

또 다른 혜택도 있습니다. 회사가 망해서 빚을 갚고 재산을 정리할 경우에 우선주는 보통주보다 먼저 남은 재산을 분배받을 수 있습니다. 물론 투자를 할 때 '내가 투자한 회사가 망하면'을 전제로 투자하는 경우는 없죠. 하지만 회사가 망했을 때 내 주식이 어떤 권리를 갖는지는 매우 중요합니다. 이 권리가 커질수록 주식의 가치도 높아지기 때문입니다.

"아니, 회사가 망했는데도 주주들에게 남아 있는 권리가 있어요?"라고 생각할 수 있겠습니다. 그런데 의외로 망한 회사에도 남아 있는 재산이 꽤 될 때가 있습니다. 특히 회사 재산이 땅이나 공장 같은 부동산에 집중돼 있는 경우가 그렇습니다. "재산이 남아 있는데 왜 망하나요?"라는 궁금증이 생길 수도 있겠군요. 그런데 그게 또 그렇지가 않습니다. 땅이나 공장 같은 것은 당장 잘 팔리지가 않거든요. 회사가 빌린 돈을 갚아야 하는 다급한 상황인데, 땅이 안 팔려서 돈을 제때 마련 못 하면 망하는 겁니다. 회사는 망했는데 재산이 남아 있는 경우가 이래서 생기는 거죠.

그러면 남은 재산을 어떻게 처리할까요? 일단 그 회사에 돈을 빌려준 사람이 있을 겁니다. 이 사람들을 채권자라고 부릅니다. 이들이 남은 재산을 가장 먼저 가져갑니다. 부동산이건 공장이건 남은 재산을 어떻게든 팔아서 빌려준 돈을 먼저 받아 가는 거죠. 이러고도 재산이 남았다면, 이 재산이 바로 주주들의 몫이 됩니다. 남은 재산을 어떻게든 팔아서 주주들이 보유한 주식 비율만큼 나눠 갖는 거죠. 예를 들어 빚을 다 갚고 남은 재산이 1억 원인데, A라는 주주가 이 회사 주식을 10% 보유했다면 1억 원 중 10%인 1,000만 원을 갖는 겁니다. 나머지 주주들도 보유한 주식 비율만큼 재산을 나눠 갖습니다.

그런데 만약 이 회사가 우선주를 발행했다면 나눠 갖는 순서가 좀 달라집니다. 채권자들이 가장 먼저 남은 재산을 차지하는 것은 변함이 없습니다. 그래도 남은 재산이 있다면 우선주 주주들이 이 재산을 먼저 나눠 갖습니다. 이게 우선주가 보통주에 비해 갖는 또 다른 장점입니다. 얼마를 갖느냐? 이건 그때그때 다릅니다. 애초 우선주를 발행할 때 '회사가 망하면 남은 재산 중 우선주가 이만큼 먼저 가져간다.'라고 정해 놓는데, 이 규칙에 따라 우선주 주주들에게 남은 재산이 분배됩니다. 그래도 돈이 남으면 그제야 보통주 주주들이 주식 보유 비율만큼 돈을 나눠 갖게 되는 거죠.

이렇게 우선주는 보통주보다 재산적 내용에서 우선적 지위가 인정됩니다. 물론 그 대가로 주주총회에 참여할 권리는 포기해야 하죠. 그래서 애초에 발행할 때부터 싸게 발행합니다. 보통주가 1만 원이라면 우선주는 8,000원쯤으로 발행하는 식이지요. 보통주 주주가 되려면 1만 원을 내야 하지만 우선주 주주가 되려면 그보다 20% 싼 가격만 지불하면 됩니다. 가격도 싼 데다 배당은 되레 더 얹어 주니 이 정도면 주주총회에서 투표할 권리가 없는 약점이 어느 정도 상쇄가 되는 겁니다.

앞에서 '삼성전자우'는 '삼성전자' 주식에 비해 80~90%, 'LG전자우'는 'LG전자'의 반값 정도에 거래가 된다고 말씀드렸죠? 이렇게 싸게 거래되는 이유가 바로 주주총회에서 투표할 권리가 없기 때문입니다.

놓치지 않고 배당을 받으려면

하나만 더 추가하겠습니다. 보통주 주주이건 우선주 주주이건 주주가 되면 배당을 받을 권리가 생깁니다. 여기에 더해 보통주 주주는 주주총회에 참여할 권리도 있고요. 그런데 주식은 사람들끼리 사고파는 겁니다. 하루에도 몇 번씩 주인이 바뀔 때가 있습니다. 1년쯤 지나면 주식을 한 번이라도 보유했던 주주들 숫자가 어마어마하게 늘어납니다. 그렇다면 이 많은 사람들 중 도대체 누구를 진짜 주주로 인정해야 할까요? 어느 하루 그 회사 주식을 오전에 샀다가 오후에 팔아서 365일 중 고작 3~4시간 주주였던 사람들에게도 배당을 줘야 할까요?

이게 사실 좀 어렵고 복잡한 문제죠. 그래서 각 회사들은 규칙을 만들어 놓았습니다. 한 해의 맨 마지막 날에 주식을 보유한 사람만 공식 주주로 보고, 이 사람들에게만 배당을 주는 겁니다. 이 말은 365일 중 364일 동안 주식을 보유해도, 맨 마지막 날 주식을 보유하지 않으면 배당을 받지 못한다는 뜻입니다. 또 364일 동안 그 회사 주주가 아니었더라도 맨 마지막 날에만 주주 자격을 유지하면 배당을 받을 수 있다는 뜻이기도 하고요.

"그건 좀 불공평한데요?"라고 얼마든지 생각할 수 있습니다. 하지만 워낙 주주가 자주 바뀌다 보니 이런 규칙을 정한 것이므로 이해해야 합니다. '올해의 맨 마지막 날'이 언제인지 정확히 알기 위해서는 '배당 기준일'이라는 단어로 뉴스 검색을 해 보면 나옵니다. 많은 뉴스들이 "올해 배당 기준일은 12월 30일입니다."라는 식으로 안내를 해 주니까요.

그런데 주의할 점이 있습니다. 배당 기준일인 12월 30일 주주가 되기 위해서는 그보다 이틀 전인 12월 28일에 주식을 사야 한다는 점입니다. 이게 조금 이해하기 어려운데요, 앞에서 살펴본 대로 보통 우리는 주식을 온라인으로 사고팝니다. 오늘 돈을 내면 오늘 내 온라인 계좌에 주식이 들어오는 것처럼 보이죠. 하지만 실제로 주식이 거래되는 것은 이틀 뒤입니다. 이 대목이 중요합니다. 오늘 샛별전자 주식을 10주 샀다고 오늘부터 내가 샛별전자 주주가 되는 게 아니라는 뜻입니다. 오늘 거래된 것은 서류상으로만 거래가 된 것이고, 주식과 돈이 실제로 오가는 일은 이틀 뒤에 벌어집니다. 따라서 실제 샛별전자 주주가 되려면 이틀을 더 기다려야 합니다.

주식을 파는 것도 마찬가지입니다. 오늘 주식을 팔면 온라인상으로는 오늘 내 계좌에 돈이 들어온 것처럼 보입니다. 그러면 그 돈을 당장 꺼내서 쓸 수 있느냐? 슬프게도 그럴 수 없습니다. 왜냐고요? 온라인 거래는 오늘 한 것처럼 보이지만, 실제 주식과 돈이 교환되는 것은 이틀 뒤거든요. 따라서 당장 돈이 필요하다며 오늘 급히 주식을 팔아도 그 돈을 오늘 꺼내 쓸 수 없다는 점에 주의해야 합니다. 다시 한번 강조하지만 돈이 실제로 들어오는 것은 이틀 뒤니까요.

이 점을 이해한다면 배당 기준일에도 함정이 있다는 사실을 알 수 있습니다. 12월 30일이 배당 기준일이라는 이야기는 이날만 주주이면 주주총회에 참석할 권리가 생긴다는 뜻이라고 했죠. 그렇다면 12월 30일에 주식을 사면 이 권리를 갖게 될까요? 그렇지 않다는 게 함정입니다. 12월 30일에 주식을 사면 실제 주식이 내 손에 들어오는 날은 이틀 뒤거든요. 따라서 배당 기준일에 주주가 되기 위해서는 이틀 전인 12월 28일에 주식을 사야 합니다. 이 점을 헷갈리면 괜히 엉뚱한 날에 주식을 사서 주주 명부에 이름을 못 올리는 일이 생기니 주의해야 합니다. 주주로서 배당을 받고, 주주총회에 참석하기 위해서는 배당 기준일의 증시가 마감되는 순간에 주주로 남아 있어야 한다는 사실을 잊지 마세요!

알.쓸.
신.주.

알아 두면 쓸모 있는 신기한 주식 이야기

☆위조 주식이라는 것도 있다

위조지폐나 위조수표는 가끔 뉴스에 등장하지만 위조 주식이라는 말은 거의 들어 본 적이 없을 겁니다. 주식이라는 것이 결국 값어치가 있는 종이 쪼가리이기 때문에 누군가가 위조 주식을 만들 법도 한데 현실에서 이런 일은 자주 벌어지지 않죠.

이유가 있습니다. 현금이나 수표는 매우 자주 볼 수 있지만, 주식은 우리나라 어느 창고 깊숙한 곳에 보관돼 있어서 실물을 보기 힘들기 때문입니다. 예를 들어 삼성전자 주식을 사고판다고 가정해 보겠습니다. 삼성전자 주식 종이 쪼가리 위에는 "이 회사는 삼성전자 주식이고 가격은 얼마입니다."라고 적혀 있습니다. 그런데 주식을 사고팔 때 이 종이 쪼가리를 직접 건네는 일은 거의 없습니다. 한국예탁결제원이라는 기관이 대한민국에서 발행된 실물 종이 쪼가리 주식 대부분을 일괄적으로 보관하고 있거든요.

그러면 주식을 산 주주들은 자신이 그 회사 주주임을 어떻게 입증할까요? 대부분의 주식거래가 온라인이나 증권사를 통해 이뤄지기 때문에, 종이 쪼가리가 실제 왔다 갔다 하지 않아도 컴퓨터에 주식의 주인이 누구인지 다 기록됩니다. 즉 주식 실물은 예탁결제원 창고에 보관돼 있고, 주식 주인 이름만 이 사람 저 사람으로 바뀌는 시스템인 거죠.

하지만 그렇다 해도 주식이라는 것의 본질이 종이 쪼가리인 한, 가끔(아주 가끔이지만) 위조 주식이라는 것이 등장합니다. 2006년 7월 한 개인 투자자가 솔본이라는 회사의 주식 22만 주(당시 시세로 약 8억 원어치)를 위조한 뒤 대우증권 명동 영업점 창구에서 "이 주식을 내 계좌에 넣어 주세요."라고 요청한 일이 있었습니다.

이 위조 주식은 맨눈으로는 식별이 어려울 정도로 정교했다고 하네요. 하지만 증권사 창구 직원이 침착하게 주식을 빛에 비춰 위조 여부를 확인했고, 빛에 반사돼 보여야 할 글자가 보이지 않자 주식에 대한 정밀 감식을 의뢰했습니다. 이 직원 덕에 결국 위조 주식은 적발됐죠.

만약 증권사 창구 직원이 위조 주식을 별 의심 없이 무심코 넘겨 버렸다면 어떻게 됐을까요? 그 주식은 예탁결제원 창고에 진짜 주식처럼 보관됐을 거고, 위조 주식을 맡긴 사람의 계좌에는 8억 원어치 주식이 추가됐을 겁니다. 만약 증시에서 유통됐다면 큰 혼란을 불러일으켰겠지요. 하지만 다행히 적발이 돼서 이런 사태는 막을 수 있었답니다.

배당을 노릴 것이냐, 성장에 기댈 것이냐

- 가치주와 성장주 -

극단적인 두 투자자

10여 년 전 증권 기자로 일할 때 그야말로 극단적으로 다른 방식으로 투자하는 두 부류의 전문가들을 만난 적이 있었습니다. 한 부류는 데이트레이더(day trader)라고 불리는 투자자들입니다. 데이트레이

더란 말 그대로 하루에도 몇 번씩 주식을 사고팔며 거래하는 사람들이죠.

이런 투자자들은 그 기업의 미래가 밝은지, 배당을 많이 주는지 등은 전혀 고려하지 않습니다. 그야말로 주식거래를 게임하듯이 합니다. 앞에서 우리는 주식 주문창을 통해 주가가 어떻게 변하는지 살펴봤죠. 데이트레이더들은 특정 주식을 산 뒤 주문창에서 주가가 한 칸이나 두 칸만 오르면 즉시 팔아 시세 차익을 챙깁니다. 반대로 한두 칸만 주가가 떨어져도 역시 미련을 두지 않고 팔아 버리고요. 더 큰 하락을 버티지 않겠다는 거죠.

개인적으로 데이트레이더들이 거래하는 장면을 직접 본 적이 있었는데 정말 충격적이었습니다. 그들은 모니터를 서너 대씩 켜 놓고 쉴 새 없이 마우스를 클릭합니다. 데이트레이더라기에 하루에 한 10번쯤 사고파는 것을 반복할 줄 알았더니, 웬걸요! 하루에 10번이 아니라 10분에 10번쯤 사고파는 일을 하루 종일 반복하는 것 아니겠어요? '저렇게 마우스를 많이 클릭하면 손가락 다치겠다.'라는 생각이 들 정도였지요.

이와는 반대로 한번 주식을 사면 웬만해서는 팔지 않는 장기 투자자들도 만나 봤습니다. 이 사람들은 주가가 오를 것이라고 확신하는 주식을 산 뒤 그야말로 '세월아~, 네월아~' 하면서 기다립니다. 장기 투자자들은 "나는 ○○주식과 결혼했다"는 말을 할 정도로 특정 주식에 애정을 쏟아붓습니다. 투자한 종목의 주가가 떨어져도 조금도 겁을 먹지 않죠. 한번은 그들에게 "주가가 많이 떨어졌는데 겁 안 나요?"라고 물었더니 "이 기자, 올라갈 주식은 언젠가는 올라가요."라며 태연한 표정으로 답을 하더군요.

그래서 이들은 주식을 산 뒤 아예 주문창을 쳐다보지도 않는 일이 많습니다. 주가가 오르내리는 모습을 보면 자꾸 사고팔기를 하고 싶은 욕망이 생기기 때문이라고 합니다.

현재의 가치를 보느냐, 미래를 보느냐

데이트레이더쯤 되면 사실 투자의 기술을 논하기가 매우 어렵습니다. 투자자마다 요령이 다른 데다 몇 분 만에 몇 번씩 주식을 사고팔기 때문에 사실 이게 투자의 영역인지, 클릭하는 기술의 영역인지 잘 구분이 가지 않거든요. 그래서 이 책에서는 데이트레이더들의 기술은 다루지 않겠습니다. 사실 이에 대해 제가 아는 게 하나도 없기도 하고요!

지금부터는 기업의 가치를 주로 보는 두 가지 투자 기법을 살펴보기로 하겠습니다. 첫 번째 기법은 기업의 현재 가치를 중시하는 투자입니다. 이런 투자를 흔히 '가치주 투자'(혹은 가치투자)라고 부릅니다.

예를 들어 어떤 회사가 돈도 많이 벌고 배당도 많이 주는데, 의외로 주가가 낮게 형성된 경우가 있습니다. 가치주 투자자들은 이런 종목에 열광합니다. 자기들이 주식의 현재 가치를 계산했을 때 적정 주가가 1만 원쯤 하는데, 어떤 이유로 그 주식이 8,000원쯤에서 거래된다면 이들은 이 주식을 왕창 사들인 뒤 1만 원이 될 때까지 밤낮으로 기다립니다. "올라갈 주식은 언젠가 올라간다"는 믿음으로 뚝심 있게 버티는 거죠. 그래서 대부분의 가치주 투자자들은 한번 주식을 사면 2, 3년 기다리는 것은 우습게 생각할 정도로 장기 투자를 하는 경우가 많습니다.

반면에 그 주식의 현재 가치보다 미래 가치에 초점을 둔 투자자도 있습니다. 어떤 회사가 사업을 시작한 지 얼마 안 돼서 당장은 돈도 별로 못 벌고 배당도 안 준다고 칩시다. 사업을 처음 시작한 탓에 은행에서 빌린 돈도 많습니다. 자칫하면 망할 수도 있을 것처럼 보이죠. 하지만 이 회사가 하는 일이 미래에 엄청난 성공을 거둘 것이라는 확신이 들 때가 있습니다. 이때 이 불확실한 미래에 희망을 걸고 과감하게 투자를 하는 투자를 '성장주 투자'라고 부릅니다.

우리나라에서는 1999년과 2000년에 이 성장주들이 엄청난 인기를 끌었습니다. 초고속 인터넷 통신망이 깔리면서 '○○닷컴'이라고 이름 붙은 회사들의 주가가 어마어마하게 올랐죠. 이런 회사들은 당시 당장 돈을 많이 번 것은 아니지만, 미래에 엄청난 성장을 이룰 것이라는 기대 때문에 주가가 폭등했습니다.

가치주 vs. 성장주, 전혀 다른 대응 방식

가치주 투자와 성장주 투자는 주식을 보는 관점이 다르기 때문에 투자하는 방법도 큰 차이가 있습니다. 가치주 투자는 그 회사가 당장 얼마나 돈을 잘 버느냐, 그리고 사업이 얼마나 안정돼 있느냐에 집중합니다. 특히 배당금을 얼마나 주는지를 매우 중요시합니다. 주가가 좀 떨어져도 매년 꼬박꼬박 배당을 주기 때문에 배당을 받으면서 주가가 제 가치를 찾을 때까지 기다릴 수 있는 겁니다.

반면에 성장주 투자는 미래에 집중하기 때문에 기업이 실제로 성장하고 있는지에 매우 예민하게 반응합니다. 미래란 원래 불확실한 겁니다. 게다가 이런 기업들은 대부분 사업 초반에 안정적으로 돈을 벌지 못합니다. 만약 사업이 기대만큼 잘되지 않으면 주가가 하락하는 정도가 아니라 아예 회사가 망해 버리는 일도 생깁니다. 그래서 성장주 투자자는 위기 때 대응이 빨라야 합니다.

그래서 두 투자자들은 투자 기간도 많이 다릅니다. 가치주 투자자들은 일반적으로 장기 투자를 선호하는 반면, 성장주 투자자는 상대적으로 매매가 잦은 편입니다. 불확실한 미래에 운명을 맡긴 탓에 주가 변동에 적절하게 대응해야 위험을 줄일 수 있기 때문이죠.

예를 들어 보죠. 1만 원에 어떤 회사 주식을 샀는데 그 주식 가격이 8,000원으로 떨어졌다면 가치주 투자자와 성장주 투자자는 각각 어떻게 대응할까요?

가치주 투자자는 "주가가 떨어졌어? 주식이 너 싸졌네? 아싸, 더 사야지."라며 신나서 주식을 더 삽니다. 가치주 투자자는 이 기업의 주가가 언젠가 1만 2,000원쯤으로 오를 것이라 확신하기 때문입니다. 1만 2,000원짜리 가치가 있는 주식을 8,000원에 살 수 있다는 건 이들에게 엄청난 행복이죠.

하지만 성장주 투자자들은 정반대입니다. 투자한 종목의 주가가 하락하면 이들은 '사업에 뭔가 문제가 생겼을 가능성이 높으니 일단 손해를 줄여야겠다'는 생각으로 과감하게 주식을 팔아 버립니다. 이런 투자 기법을 손절매라고 합니다. 손해가 났더라도 아쉬워하지 않고 주식을 팔아서 더 큰 손실을 막는 거죠. 불확실한 미래에 자기의 모든 것을 걸기에는 너무 위험하니까요.

몇 가지 종목에 투자하느냐에 대해서도 두 투자자들의 생각이 다릅니다. 가치주 투자자들은 많은 종목에 투자하지 않는 편입니다. 이들은 기업의 '현재 가치'에 투자하는 사람들이고, 현재 가치란 열심히 분석하면 알아낼 수 있는 편입니다. 그래서 이런 투자자들은 '한 종목에 투자해도 그 종목의 모든 것을 다 알아야 한다'고 생각하고 꼼꼼히 공부합니다. 기업에 대해 확실히 알아야 주가가 떨어져도 흔들리지 않고 오래 버틸 수 있죠. 그러다 보니 자연스럽게 많은 종목에 손을 대지 않고 확실하다고 생각되는 몇 종목에만 투자해 오래 기다리는 성향이 강합니다.

반대로 성장주 투자자들은 가급적 여러 종목에 투자금을 분산해 놓는 경향이 강합니다. 다시 강조하지만 미래란 늘 불투명한 법이죠. 투자한 종목 중 한두 개라도 대박이 나면 큰 성공을 거둘 수 있지만, 이런 성공을 장담하기가 쉽지 않습니다. 망하는 기업도 생기기 마련이죠. 그래서 위험을 최대한 분산해 놓는 겁니다. 한두 종목에 돈을 몰아넣었다가 그 회사가 전부 망하면 재기 불능 상태에 빠지기 때문입니다.

"어떤 투자가 정답인가요?"라고 묻는다면 답하기가 정말 곤란합니다. 투자에는 정답이 없기 때문입니다. 하지만 한 가지 확실한 것이 있습니다. 투자는 위험과의 싸움입니다. 성공한 투자자 대부분은 위험을 줄이는 데 놀라운 능력을 가지고 있습니다.

가치주 투자자라면 위험을 줄이기 위해 투자하는 종목에 대해 최대한 깊이 공부해야 합니다. 성장주 투자자라면 한두 종목을 맹신하지 않고 최대한 분산해서 투자한 다음, 예상 외로 기업이 성장하지 못하거나 주가가 떨어지면 미련 두지 말고 그 종목을 떠나 최대한 손실을 줄여야 하죠.

알.쓸.신.주. 알아 두면 쓸모 있는 신기한 주식 이야기

☆침 튀기면서 주문해도 될까

2020년 초 코로나19가 전 세계를 덮치면서 '침 튀기며 말을 하는 행위'가 얼마나 주변 사람들을 큰 위험에 빠뜨리는지가 새삼 조명됐죠. 코로나19의 주된 감염 경로는 침방울이라고 하거든요. 쉽게 말해서 침이 튀면서 바이러스가 전파되기 때문에, 얼굴을 맞대는 것조차도 부담스러운 세상이 됐지요.

그런데 미국 증시가 이것 때문에 상당히 곤혹스러운 상황에 빠진 일이 있었습니다. 한국에서 주식거래는 대부분 온라인으로 이뤄집니다. 컴퓨터나 스마트폰 화면에 거래창이 뜨고, 거기에 내가 원하는 가격으로 특정 주식을 살 건지 팔 건지 주문을 넣는 시스템이죠.

그런데 미국 증시에서는 아직도 '발성 호가(Out-Cry)'라고 부르는 독특한 제도가 남아 있습니다. 온라인으로 조용히 주식거래를 하는 게 아니라 중개인들이 객장에서 "나는 ○○기업 주식 □□주를 △△ 달러에 살게요(혹은 팔게요.)."라고 소리를 지르고 다니는 겁니다. 그러다 서로 가격이 맞는 사람끼리 만나면 주식을 사고팝니다. 마치 재래시장이나 수산물 도매시장에서 소리를 질러 가격과 매매 물량을 맞추는 방식과 같죠.

사실 요즘은 온라인 거래 시스템이 너무 잘 발달해서 이런 옛날 방식을 사용할 이유가 전혀 없습니다. 하지만 미국은 아직도 일부 거래를 이렇게 합니다. 왜 그렇게 하는지 이유는 아무도 모릅니다. 아마도 미국 투자자들은 이게 뭔가 전통을 살리는 멋스러운 방식이라고 생각하는 듯합니다.

이런 이유로 뉴욕증권거래소(NYSE, New York Stock Exchange)에서는 기자들이 함부로 사진기 플래시를 터뜨려서는 안 된다는 불문율이 있습니다. 발성 호가로 주식을 거래하는 중개인들은 늘 시세판을 보고 있어야 하는데, 플래시 섬광으로 시세판이 잠깐이라도 보이지 않으면 순간적으로 잘못된 주문을 외칠 수 있기 때문이라네요.

그런데 코로나19 사태 이후 이런 발성 호가 제도가 큰 문제가 됐습니다. 조용히 거래를 해도 사람이 모여 있으면 위험한 판에, 객장에서 중개인들이 침 튀기며 소리를 지르고 다니니 그게 얼마나 위험하겠느냐는 거죠. 하지만 이런 사태에도 불구하고 뉴욕증권거래소는 발성 호가 제도를 없애지 않았습니다. 도대체 왜 그러는지 이해가 안 되지만 굳이 그렇게 하겠다는데 말릴 수도 없고, 좀 답답한 노릇이긴 합니다.

상장(賞狀) 아니고 상장(上場)

- 주식 상장 -

삼성전자 주식은 어디서 살까

우리는 주식으로 돈을 벌 수 있다는 사실을 확인했습니다. 그렇다면 이제 주식을 직접 사서 주주가 되는 경험을 해 봐야 할 차례입니다. 자, 주식을 사러 가 봅시다. 그런데 어떤 주식을 살까요? 일단 우리나라를 대표하는 가장 큰 기업이 삼성전자라고 들었으니 삼성전자 주식을 사기로 합시다.

그렇다면 어디로 가서 이 주식을 살까요? 삼성전자 주식을 사려면 설마 삼성전자 대리점에 가야 하는 걸까요? 그럴 리가요! 삼성전자 대리점에서는 텔레비전과 에어컨 같은 가전제품만 팔지 삼성전자 주식은 팔지 않습니다. 그렇다면… 증권회사에 가 봐야겠군요. 증권사라는 곳에서는 왠지 마트에서 물건 팔듯이 내가 사고 싶은 주식을 종류별로 잘 포장해서 판매할 것 같은 기분이 듭니다. 하지만 이것도 정답이 아닙니다. 우리가 주식을 살 때 증권사를 이용하는 것은 맞지만, 증권사는 주식을 사고파는 사람을 연결해 주는 '중개인(仲介人)' 역할만을 하는 곳입니다.

중개인이란 물건을 사고파는 사람들을 연결해 주는 상인을 뜻합니다. 예를 들어 집을 사고파는 과정을 생각해 보죠. 거리를 다니다 보면 '공인중개사'라고 적힌 간판을 건 사무실을 종종 발견할 수 있습니다. 이곳은 토지나 주택 등을 사고파는 데 연결 고리 역할을 하는 부동산 중개사의 사무실입니다. 집을 팔려는 사람이 사무실에 들어가 중개인에게 "우리 집을 팔고 싶어요."라고 말하면, 집을 살 사람을 구해 주는 일은 중개인의 몫이 됩니다.

집을 사고 싶은 사람도 이곳 공인중개사 사무실을 찾게 됩니다. 공인중개사가 인터넷에 올린 매물(팔려고 내놓은 물건)을 보고 연락하거나, 직접 사무실에 방문해 자기가 원하는 집이 있는지 알아보는 식이죠. 이렇게 집을 팔고 싶은 사람도, 사고 싶은 사람도 공인중개사 사무실을 찾으니 자연스럽게 거래가 이뤄질 확률이 높아집니다.

그렇다면 공인중개사는 왜 집을 사고파는 사람들을 연결해 줄까요? 그건 바로 중개를 통해 수수료를 받을 수 있기 때문입니다. 중개인들은 집 한 채를 사고파는 거래를 성사시키면 거래 금액의 일정 비율을 수수료로 받습니다. 즉 중개인은 집을 사고파는 사람들 간의 거래를 연결해 주고 중간에서 수수료를 받아 돈을 버는 사람들인 셈입니다.

증권회사도 이들과 마찬가지입니다. 삼성전자 주식을 사고 싶다고 해서 동네방네 돌아다니면서 "삼성전자 주식 파실 분 안 계세요?"라며 외치고 다닐 수는 없죠. 이럴 때 가야 할 곳이 증권사입니다. 삼성전자 주식을 팔고 싶은 사람들이 "내 주식 사실 분 없나요?"라며 증권사에 주식을 내놓거든요. 주식을 사고 싶은 사람은 이곳에 가서 마음에 드는 주식이 괜찮은 가격에 나왔는지 살펴본 뒤 주식을 사면 됩니다. 물론 이때도 주식을 사고판 사람들은 거래가 성사되면 증권사에 수수료를 내야 합니다. 이렇듯 증권사 역시 공인중개사 사무실처럼 거래를 연결해 준 뒤 수수료를 챙겨 이익을 내는 기업이라고 이해하면 되겠습니다.

상장은 뭘 잘했다고 주는 상이 아니다

그렇다면 증권회사만 찾아가면 이 세상에 있는 모든 회사의 주식을 사고팔 수 있을까요? 사실 어느 증권사를 찾아가든 대부분의 주식을 살 수 있다면 매우 쉽고 편리할 것입니다. 그런데 그럴 경우 문제가 있습니다. 누구나 쉽고 편하게 주식을 사고팔 수 있도록 해 놓았는데, 거래되는 주식이 망하기 직전의 회사 것이라거나 사기나 치고 다니는 회사의 것이면 되겠습니까? 이렇게 엉망진창인 회사의 주식이 간편하게 거래되면 주식을 사는 사람들이 큰 손해를 입을 수 있겠죠.

그래서 나라에서는 일반인들이 자유롭게 거래해도 무리가 없는, 튼튼하고 믿을 만한 기업의 주식만 증권사에서 사고팔 수 있도록 제도로 정해 놓았습니다. 현재 우리나라에서 이렇게 자유롭게 사고팔 수 있는 주식은 약 2,000개 정도 됩니다.

그렇다면 이 2,000개는 누가 정하는 걸까요? 바로 '한국거래소'라는 곳에서 정합니다. 한국거래소는 우리나라의 주식거래를 총괄적으로 운영하는 곳입니다. 이곳에서는 특정한 기준 아래, 이 정도면 일반인들이 쉽게 사고팔아도 무리가 없겠다고 판단되는 주식을 2,000개 안에 넣어 줍니다.

여기서 한 가지 꼭 알아 둬야 할 중요한 단어가 있습니다. 바로 '상장(上場)'입니다. 이 상장은 여러분이 학교에서 뭔가 잘했을 때 받는 그 '상장(賞狀)'이 아닙니다! 여기서 말하는 상장이란 '주식이나 어떤 물건을 매매 대상으로 삼기 위해 거래소(우리나라에는 한국거래소가 유일합니다)에 일정한 자격이나 조건을 갖춘 거래 물건으로 등록하는 일'을 뜻합니다. 쉽게 말해 '주식을 상장한다'는 말은 어떤 주식이 거래소의 심사를 통과해, 2,000개 주식 중 하나로 등록된다는 뜻이죠. 상장을 영어로 'listing'이라고 표현하는데, 이 역시 주식을 '명단에 올린다'는 뜻과 일맥상통합니다.

코스피와 코스닥, 두 개의 시장

앞서 우리나라에는 상장된 주식이 2,000개 정도 있다고 했죠. 이 중 약 800개가 '코스피(KOSPI)'라는 이름의 시장에 속해 있고, 나머지 약 1,200개는 '코스닥(KOSDAQ)'이라는 이름의 시장에 속해 있습니다. 소속이 두 곳으로 나뉘어 있는 셈이죠. 이렇게 소속을 굳이 두 개로 나눈 이유가 있습니다.

원래 우리나라에는 코스닥이라는 시장이 없었고 코스피라는 시장만 있었습니다. 코스피 시장이 처음 열린 게 1956년이었으니 역사가 참 길기도 합니다. 유구한 역사를 자랑하는 코스피 시장답게 이곳에는 우리나라를 대표하는 간판 기업의 주식이 대부분 상장돼 있습니다. 삼성전자, 현대자동차, 포스코, 한국전력, KB금융(국민은행)등이 이곳 소속이죠.

문제는 코스피 시장이 워낙 투자자의 안전을 중시하다 보니, 이 시장의 상장 심사를 통과하는 것이 여간 어렵지 않다는 점입니다. 코스피 시장은 상장 심사를 할 때 매년 이익이 안정적으로 일정 규모 이상이 되는지, 종업원 숫자는 몇 명인지, 빚은 얼마나 있는지 등을 상당히 까다롭게 점검합니다.

상장 심사가 이렇게 어렵다 보니 투자자 입장에서는 작지만 실력 있는 기업들의 주식도 자유롭게 거래할 수 있으면 좋겠다는 소망이 생기기 시작합니다. 그래서 만들어진 시장이 바로 코스닥입니다. 코스닥 시장의 상장 심사는 코스피에 비해 훨씬 느슨합니다. 그렇다고 해서 망해 가는 회사나 사기꾼 회사를 상장해 주지는 않죠. 물론 충분히 검토를 하지만 통과 기준이 코스피 시장에 비해 상대적으로 낮다는 뜻입니다. 그래서 코스닥에는 코스피에 상장되기에는 아직 이르지만 앞으로 성장이 기대되는 기업들이 많이 상장돼 있습니다.

다른 나라에도 이와 비슷한 시장이 있습니다. 미국에서는 이런 시장을 '나스닥(NASDAQ)', 일본에서는 '자스닥(JASDAQ)'이라고 부르죠. 보통 증시 이름에 '~스닥'이 들어가면, 작지만 성장 가능성이 높은 기업이 몰려 있는 시장이라고 이해하면 됩니다.

알.쓸.신.주. 알아 두면 쓸모 있는 신기한 주식 이야기

☆코스피와 코스닥은 누가 운영할까

우리나라의 주식시장에는 두 가지 종류, 즉 코스피와 코스닥이 존재한다는 사실을 확인했습니다. 그렇다면 이 시장은 누가 운영할까요? 정답은 한국거래소입니다.

이렇게 우리나라는 거래소를 하나만 두는 방식을 취하고 있지만 그렇지 않은 나라도 있습니다. 예를 들어 미국의 양대 주식시장인 뉴욕증권거래소와 나스닥은 각각 다른 기관에서 운영하기 때문에 일종의 경쟁 관계에 있습니다. 하지만 우리나라에서는 한국거래소가 유일한 주식시장 운영 기관이죠.

한국거래소는 무려 2,000개나 되는 종목의 주문을 받아서 거래를 체결하는 곳이다 보니, 조직도 방대하고 임무도 막중합니다. 상장 자격이 있는지 심사를 하는 곳도 이곳입니다. 한국거래소가 잘못되면 주식거래 전체가 중단돼 금융시장에 일대 혼란이 오겠죠.

그런데 한국거래소에 대한 뜻밖의 사실이 하나 있습니다. 한국거래소의 주인은 누구일까요? 일반인들에게 질문을 하면 십중팔구는 "한국거래소요? 당연히 국가기관 아닌가요?"라고 답을 합니다. 주식거래의 막중한 책임을 진 곳이니 국가가 설립하고 운영하는 기관일 것이라고 생각하는 거죠.

하지만 아닙니다. 한국거래소는 엄연히 주주들이 돈을 내고 설립한 주식회사입니다. 정부는 땡전 한 푼 투자하지 않았고요. 대략 40여명의 주주들이 있는데, 이들 주주는 모두 증권사를 비롯한 금융회사들입니다.

그렇다면 한국거래소의 주주들도 배당이나 시세 차익을 노릴까요? 그렇지는 않습니다. 사실 대부분 주주들의 투자 목적은 배당이나 시세 차익이죠. 하지만 한국거래소 주주들은 "배당이나 시세 차익은 됐고요. 그냥 거래소 운영만 좀 잘해 주세요."라는 부탁을 합니다. 왜 그럴까요? 거래소가 잘 돌아가야 증권사들이 돈을 벌기 때문입니다. 증권사는 투자자들이 주식을 사고팔 수 있도록 거래를 도운 뒤에 수수료를 챙겨 돈을 법니다. 즉 주식거래가 활성화될수록 돈을 더 잘 번다는 이야기죠.

애초에 증권사들이 모여서 거래소를 만든 이유도 이것입니다. 귀중한 돈을 투자하면서까지 거래소를 설립한 이유는 보다 많은 주식이 보다 안전하고 활발하게 거래돼야 자기들이 돈을 벌 수 있기 때문입니다.

그래서 한국거래소는 주식회사이긴 해도 주주들에게 배당을 한다거나, 주가를 높여 시세 차익을 안겨 주지 않습니다. 심지어 한국거래소 주식은 증시에 상장도 안 돼 있습니다. 일반인들은 한국거래소 주식을 사고 싶어도 살 수 없다는 이야기죠.

물론 한국거래소가 너무 중요한 기관이기 때문에 정부도 이곳이 잘 운영되는지 면밀히 관찰합니다. 하지만 그렇다고 한국거래소가 국가기관인 것은 아니죠. 한국거래소가 국가기관이 아니라 주식회사라는 사실, 신선하지 않나요?

주식시장에 개미가 있다?

- 개인, 외국인, 그리고 기관투자가 -

주식을 이해하지 못해 벌어진 슬픈 일

1978년 대신증권 주주총회장에서 난리가 났습니다. 100여 명의 투자자들이 주주총회장에 난입해 욕을 퍼부으며 "사장 나와!"를 외쳤습니다. 대신증권 창업주인 양재봉 당시 사장은 난입한 투자자들에게 멱살이 잡혔습니다. 투자자들은 "내 돈 물어 줄 거야, 말 거야?"라며 양재봉 사장을 끌고 다녔죠. 양 사장의 셔츠는 갈기갈기 찢어져 누더기가 됐습니다. 바로 이 사건이 우리나라 증권시장의 아픈 역사로 기록된 이른바 '박황 사건'입니다.

사건의 전모는 이랬습니다. 대신증권 영업부장이었던 박황 씨가 "저에게 돈을 맡기면 주식 투자를 잘해서 원금은 물론 '이자'까지 쳐서 돌려드리겠습니다."라는 달콤한 말로 투자자들을 유혹했습니다. 이 말에 넘어간 수백 명의 투자자들이 당시로는 천문학적인 금액인 수십억 원을 박 씨에게 맡겼다가 그 돈을 홀라당 날린 것입니다.

여러분은 주식 투자에 대한 기초 지식을 공부했기에 박 씨의 말이 얼마나 황당한 것인지 금방 짐작이 갈 것입니다. 주식 투자는 '이자'를 노리는 투자가 아닙니다. 이자를 받으려면 은행에 예금을 해야죠. 우리는 주식에 투자하는 목적이 첫째, 회사가 사업을 통해 벌어들인 이익을 주주들에게 나눠 주는 '배당'을 받거나 둘째, '시세 차익'을 노려 내가 처음 투자한 돈보다 비싸게 주식을 팔아 돈을 벌기 위해서라고 이미 배웠습니다. 학생인 여러분조차 알고 있는 사실이지만 안타깝게도 1978년의 투자자들은 그 사실을 몰랐습니다. 그래서 돈을 맡기면 원금은 물론 이자까지 주겠다는 증권사 부장의 황당한 말에 수많은 사람들이 넘어간 것입니다.

게다가 주식 투자는 절대로 원금이 보장되지 않습니다. 내가 투자한 기업의 주가가 오를 수도 있지만 내려갈 수도 있죠. 그런데 당시 투자자들은 원금이 보장된다는 말을 철석같이 믿었습니다. 물론 이 사건에서 문제의 주범은 사기를 친 박황 씨입니다. 하지만 주식 투자에 대해 아주 기초적인 이해라도 있었다면 그 많은 사람들이 그렇게 쉽게 사기를 당하지는 않았을 겁니다.

이 사건은 결국 소송으로 번졌습니다. 재판부는 "투자에서 입은 손실은 전적으로 투자자 책임이다."라는 논리로 대신증권이 투자자들에게 돈을 갚아 줄 이유가 없다는 판결을 내렸습니다. 사실 이는 매우 당연한 판결이었습니다. 투자로 손해를 입었다고 증권사에 찾아가 "내 돈 내놔라!"라고 말해서는 안 됩니다. 어떤 투자건 투자에 대한 책임은 자신이 지는 것이 원칙이니까요.

하지만 여론이 악화되자 당시 대통령이었던 박정희는 "민심이 안좋으니 증권사에서 손실액을 물어 주라."라는 지시를 합니다. 이 지시로 결국 2심에서 재판 결과가 뒤집히고 맙니다. 이 사건 이후 우리나라의 투자자들은 '손실을 입으면 증권사에 찾아가 떼를 쓰면 된다'는 잘못된 고정관념을 갖게 됐습니다. 실제로 1980년대까지는 손해를 본 투자자들이 증권사 영업 창구를 찾아가 돈을 물어내라며 직원들을 이단 옆차기로 가격한 사건도 종종 있었답니다.

증시의 개방과 외국인 투자자의 등장
안타깝게도 이 정도 수준이었던 우리나라 증시와 달리, 미국을 비롯한 선진국 투자자들의 주식 투자 기법은 놀랄 만큼 발전해 가고 있었습니다. 투자 실력 차이가 나날이 벌어지다 보니, 과거에 우리 정부는 증시를 외국인들에게 개방할 생각조차 하지 못했습니다. 높은 자금력과 정보력이라는 무기를 지닌 외국인 투자자들이 우리 증시에 밀고 들어오면 국내 투자자들이 당해 낼 수가 없었으니까요.

이로 인해 한국 증시는 매우 오랫동안 외국인 투자자들을 받아들이지 않았습니다. 세계화의 바람 속에 1992년 부분적으로 증시의 문호가 열렸지만, 아주 제한적인 개방이었죠. 그러다가 1997년 우리나라는 외환 위기를 맞게 됩니다. 당시 여러 기업이 외국에서 빌려 온 돈을 제때 갚지 못해 부도가 났습니다. 기업들이 연이어 무너지며 위기가 번지자 정부는 은행들이 가지고 있는 달러를 가지고 빚을 막아 보려 했지만 역부족이었고, 나라 경제는 사실상 망했습니다. 이 때문에 우리나라의 경제 주권은 돈을 빌려주기로 한 국제통화기금(IMF, International Monetary Fund)에 넘어가고 맙니다. IMF는 우리나라의 경제구조를 통째로 바꾸면서, 증시를 외국인에게 전면 개방할 것을 요구합니다. 그 결과 1998년, 마침내 한국 증시가 외국인 투자자들에게 완전히 문호를 열게 됩니다.

이후 한국 증시에서는 개인 투자자들을 자조적으로 '개미 투자자'라고 지칭하기 시작했습니다. 거대한 자금과 막강한 실력으로 무장한 외국인 투자자들이 개인 투자자들을 상대로 계속해서 엄청난 수익을 거둬 가면서 개인 투자자들의 처지가 작은 곤충인 개미처럼 말도 못하게 불쌍해졌기 때문이죠.

증시의 큰손, 기관투자가

이제 여러분은 증시에 개인과 외국인, 이렇게 두 종류의 투자자가 있다는 것을 알았습니다. 하나만 더 배워 볼까요? 투자에는 '직접투자'와 '간접투자'가 있습니다. 이는 투자의 판단을 누가 하느냐에 따른 구분입니다. 내가 직접 자산을 사고팔면 '직접투자', 전문가에게 돈을 맡겨 대신 자산에 투자하도록 하는 것은 '간접투자'이죠. 대표적인 간접투자 상품은 '펀드(fund)'★입니다. 우리가 '펀드'라는 것에 가입하고 수수료를 내면 '펀드매니저'라고 불리는 전문가가 나를 대신해 내 돈을 투자해 줍니다.

그런데 이 펀드매니저들이 속한 회사를 보통 '자산 운용사'라고 부릅니다. 고객이 맡긴 '자산'을 대신 '운용(運用)'해 준다는 뜻이죠. 우리는 흔히 '운영(運營)'이라는 말을 더 많이 쓰는데 이것은 조직이나 기구, 사업체 등을 관리하고 경영하는 것이고, '운용'은 돈이나 제도 등 뭔가를 움직이게 하거나 부려 쓰는 것을 뜻합니다.

고객들의 돈을 모아 투자하기 때문에 자산 운용사들의 투자 규모

★ 자산 운용사가 여러 투자자들로부터 자금을 모아 투자자를 대신하여 주식, 채권, 부동산 등의 자산에 투자해 운용한 후 그 투자 실적을 투자자들에게 그대로 되돌려주는 금융 상품.

는 상당합니다. 그래서 자산 운용사들을 개인 투자자와 구분해 '기관 투자가'라고 부릅니다. 보험사나 은행 같은 대형 금융기관 또한 큰돈을 움직여 주식에 투자하기도 하는데, 이들 역시 기관투자가에 속하죠. 정리하자면 우리나라 증시에는 투자를 하는 무리가 크게 세 종류로 나뉩니다. 힘없는 개인 투자자, 그리고 막강한 실력과 자금력으로 무장한 외국인과 기관투자가.

주식 정보를 제공하는 곳에서는 대부분 "이 종목은 오늘 외국인이 얼마를 샀고, 기관이 얼마를 팔았습니다."라는 정보를 알려 줍니다. 이런 정보를 '투자자별 매매 동향'이라고 부릅니다. 투자자별 매매 동향이 왜 중요하냐면, 외국인과 기관투자가가 개인 투자자에 비해 정보력과 자금력이 앞설 뿐 아니라 압도적으로 실력이 뛰어나기 때문입니다. 만약 외국인과 기관이 어떤 종목을 많이 사들였다면 그 종목은 주가가 오를 가능성이 높아집니다. 특히 기관투자가보다도 외국인 투자자의 동향이 더 중요합니다. 대부분 외국의 전문 투자회사인 이들은 국제적인 정보력과 첨단 금융 기법 등으로 무장하고 있어 실력이 월등히 뛰어나고 시장 영향력도 크기 때문이죠. 그리고 이렇게 실력 있는 자들이 투자를 하는 데는 이유가 있을 테니 사람들은 그 정보를 매우 중요하게 참고합니다.

매우 서글프지만 개인 투자자들이 얼마를 사고팔았는지에 관한 정보를 따로 제공하는 곳은 없습니다. 그만큼 우리나라 증시에서 개인 투자자의 위상이 낮다는 이야기겠죠. 그래서 우리는 공부를 해야 합니다! "주식 투자를 하면 이자를 주겠다."라는 사기꾼의 말에 속아 소중한 돈을 맡길 정도로 준비가 덜 돼 있다면, 외국인이나 기관투자가에 비해 실력이 떨어진다는 소리를 들어도 할 말이 없는 겁니다.

☆주식시장은 동물의 천국?

증시에는 개미 외에도 수많은 동물들이 자주 등장합니다. 대표적인 동물이 '황소(bull)'와 '곰(bear)'입니다. 황소는 강세장, 즉 시세가 상승하고 있는 주식시장을, 곰은 약세장, 즉 시세가 하락하고 있는 주식시장을 각각 상징하죠. 그래서 증시가 활황일 때에는 '불스 마켓(bull's market)', 불황일 때에는 '베어스 마켓(bear's market)'이라고 부르기도 합니다.

왜 황소와 곰이 각각 강세장과 약세장을 상징하게 됐는지에 대해서는 의견이 분분합니다. 그중 한 가지 설을 소개하자면 이렇습니다. 황소는 상대를 공격할 때 뿔을 밑에서 위로(↗) 휘두릅니다. 왠지 주가가 오르는 모양과 비슷하죠? 반면에 곰은 상대를 공격할 때 앞발을 위에서 아래로(↘) 후려칩니다. 이는 주가가 떨어지는 모습과 비슷합니다. 그래서 황소와 곰이 각각 강세장과 약세장을 상징하게 됐다는 겁니다.

한편 '개'도 주식시장에 종종 등장합니다. 헝가리 출신의 세계적인 투자자 앙드레 코스톨라니^{André Kostolany, 1906~1999}는 '강아지 이론'을 주장한 바 있습니다. "주가란 주인(기업)이 산책을 나가면 그 뒤를 앞서거니 뒤서거니 따라가는 강아지와 같다."라는 것이 이 이론의 핵심입니다. 강아지가 주인보다 앞서 나가기도 하고 뒤처지기도 하지만,

결국 주인이 가는 대로 함께 갈 수밖에 없듯, 아무리 주가가 변덕스럽게 움직이더라도 장기적으로 볼 때 결국 기업의 가치와 같은 방향으로 움직이게 된다는 것입니다.

우리나라 증시에서 유명한 개미 투자자들은 의외로 수산물과 관련된 별명을 많이 갖고 있습니다. 증시에는 '선물(先物)★ 투자 시장'이라는 것이 있습니다. 주식을 도박 비슷하게 변형한 시장인데, 여러분은 아직 몰라도 되는 시장입니다. 그런데 2000년대 초반에 이 시장을 휘어잡은 고수들에게는 모두 수산물과 관련된 별명이 붙었습니다.

선물 시장 초대 고수로 꼽히는 대신증권 목포 지점 출신 장기철 씨에게는 '목포 세발낙지'라는 별명이 있었습니다. 2대 고수로 꼽히는 KR선물 윤강로 전(前) 대표는 미꾸라지처럼 위험을 요리조리 잘 피해 다니며 수익을 남긴다고 해서 '압구정동 미꾸라지'라고 불렸죠. 이 외에 '홍콩 물고기', '일산 가물치' 등의 별명을 가진 개미 투자자들도 이 시장에서 꽤 이름을 날렸답니다.

★ 특정 자산을 미래의 특정 시점에 현재 정한 특정 가격으로 서로 사고팔기로 하는 것. 선물 계약의 대상은 농산물, 원유, 주식, 통화 등이 있다.

막대기에 숨겨진
여러 가지 비밀

- 봉 차트와 그래프 -

차트, 주가를 함수 그래프로 나타낸 것

이번에 우리는 '차트'라는 것을 배울 예정입니다. 차트는 쉽게 말해 함수 그래프라고 생각하면 됩니다. 중학교 2학년이 되면 수학 시간에 함수 그래프 그리는 법을 배우죠. 아직 함수를 공부하지 않은 독자

분들은 좀 생소할 수도 있는데, 수학을 예습한다고 생각하고 차트를 배워 봅시다("주식 배우면서 수학도 예습해야 해?"라며 화를 내는 독자 분들의 분노가 눈에 선하군요). 먼저 다음 그림을 살펴보겠습니다.

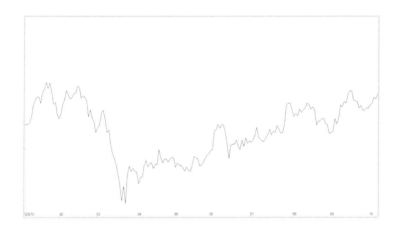

'뭐가 이렇게 복잡해?'라고 투덜대기 없습니다! 실제는 이것보다 훨씬 복잡한데 매우 간단하게 요약한 거니까요. 위 그림은 삼성전자의 2020년도 주가 차트입니다. 가로축은 날짜, 세로축은 그날의 주가를 나타냅니다. 그날그날의 주가를 그래프에 점으로 찍은 뒤 선으로 쭉 이어 놓은 그림이죠. 이렇게 그려 놓으면 주가의 오르내림을 금방 눈으로 파악할 수 있습니다. 차트에 따르면 삼성전자 주가는 3월에 큰 폭으로 떨어졌다가(코로나19의 영향이었습니다) 그다음부터 서서히 오르는 추세군요. 이런 식으로 차트를 보면 주가가 오르는 추세인지 내리는 추세인지 금방 파악할 수 있습니다. 이게 차트의 장점이죠.

막대기에 담긴 의미

그런데 실제로 주식 투자를 하는 사람들은 이런 모양의 차트를 별로 보지 않습니다. 앞에서 본 차트는 주가를 선으로 쭉 이어 놓은 것이어서 '선 차트'라고 불립니다. 하지만 실제로 투자를 할 때 사용되는 차트는 '봉 차트'라는 것입니다. 봉 차트에서 '봉(棒)'은 '막대기'라는 뜻입니다. 어떻게 생겼는지 궁금하죠? 직접 보면 바로 궁금증이 해소될 거예요. 다음 그림을 볼까요?

아까 살펴본 차트와 모양이 비슷하면서도 뭔가 형형색색 예쁘게 꾸며져 있네요. 이 차트는 모두 파란색과 빨간색 막대기로 채워져 있습니다. 그래서 이 차트의 이름이 봉 차트입니다. 이 차트에서 막대기는 매우 중요합니다. 막대기 안에 수많은 비밀들이 담겨 있죠. 하나씩

살펴보겠습니다. 우선 막대기의 기본 형태부터 알아볼까요?

이 빨간색 네모가 봉 차트의 기본 막대기입니다. 우리나라 주식시장은 오전 9시에 열리고 오후 3시 반에 닫힙니다. 이 6시간 반 동안 주가는 계속 변합니다. 그렇다면 도대체 몇 시 몇 분의 주가를 오늘의 주가로 표시해야 할까요? 보통은 오후 3시 반, 즉 그날 장(場)이 마감될 때의 주가를 그날의 가격으로 표시합니다. 이 마지막 가격을 '종가(終價)'라고 합니다. 앞에서 살펴본 선 차트에서 주가는 모두 이 종가를 나타내죠.

반면에 그날 오전 9시, 즉 장이 시작될 때의 가격도 있겠군요. 이 가격을 '시작할 때의 가격'이라는 뜻으로 '시가(始價)'라고 부릅니다. 투자자들은 종가도 알고 싶지만 시가도 궁금할 때가 있습니다. 바로 이럴 때 봉 차트가 필요한 겁니다. 봉 차트는 시가와 종가를 모두 나타낼 수 있으니까요.

빨간색 막대기에서는 아래쪽이 시가를 나타냅니다. 그리고 위쪽이 종가를 나타내죠. 그렇다면 시가 1,000원으로 시작했다가 종가 1,010원으로 끝난 종목의 막대기는 이렇게 표시됩니다.

종가 1,010원

시가 1,000원

어렵지 않죠? 그런데 여기서 궁금한 점 한 가지가 있습니다. 이 막대기의 색깔은 왜 빨간색일까요? 우리는 앞에서 주가 상승을 빨간색, 주가 하락을 파란색으로 표시한다는 사실을 배웠습니다. 이것을 잘 기억해야 합니다! 지금 이 막대기가 빨간색인 이유는 시가(1,000원)에 비해 종가(1,010원)가 높기 때문입니다. 즉 오전보다 오후에 주가가 더 올랐기 때문에 빨간색 막대기가 된 거죠.

그렇다면 시가가 1,010원이었다가 종가 1,000원으로 내려간 경우는 어떻게 표현할까요? 벌써 짐작이 가죠? 그렇습니다. 이 경우 막대기는 파란색으로 변합니다. 그리고 앞선 빨간 막대기와 달리 파란 막대기는 위쪽이 시가, 아래쪽이 종가를 나타냅니다. 아래 그림처럼요.

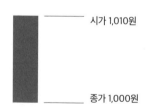

시가 1,010원

종가 1,000원

막대기에 꼬리가 붙어 있다?

그런데 앞선 봉 차트를 자세히 보면 막대기 위아래에 꼬리가 붙어 있는 것들이 있습니다. 어떤 종목의 하루 주가에는 시가와 종가만 있는 게 아닙니다. 하루 중 특정 시간에 그날의 가장 높은 주가(최고가)를 기록하기도 하고, 가장 낮은 주가(최저가)를 찍기도 하죠. 막대기 위에 붙어 있는 꼬리는 그날의 최고가를, 아래쪽 꼬리는 그날의 최저가를 나타냅니다. 아래 그림과 같은 식이죠.

그렇다면 막대기의 위나 아래에 꼬리가 없는 경우는 무엇을 의미하는지 궁금하지 않나요? 예를 들어 위쪽 꼬리가 없다면 그건 무슨 뜻일까요? 빨간 막대의 경우 위쪽 꼬리가 없다면 이 종목은 그날의 종가가 그날 하루 중 가장 높은 주가인 최고가와 같다는 뜻입니다. 그리고 아래 꼬리가 없다면 이 종목은 그날의 최저가와 시가가 같다는 뜻이랍니다. 어때요, 이제 봉 차트를 보면 주가가 어떻게 움직였는지 알 수 있겠죠?

알아 두면 쓸모 있는 신기한 주식 이야기

☆ '상종가'는 주식 용어다!

가끔 연예인이 나오는 신문 기사를 보면 '상종가'라는 말이 나옵니다. 예를 들어 보죠. "송은이-김숙, 광고도 상종가... 찰떡궁합 예능 대세", "안정된 진행 실력과 특유의 끼로 예능에서 상종가를 달리고 있는 전현무" 같은 기사들을 보면 감각적으로 '상종가가 뭔가 잘나간다는 뜻이구나.' 하고 짐작할 수 있을 겁니다.

그렇다면 상종가의 정확한 뜻은 무엇일까요? 상종가는 한자로 '上終價'라고 씁니다. '上'은 '위'라는 뜻이고, '終'은 '마치다', 그리고 '價'는 '가격'을 뜻합니다. 풀이해 보면 '위로 가격을 마쳤다'는 뜻이 됩니다.

사실 상종가는 주식 용어입니다. 요즘은 상종가 대신 '상한가(上限價)'라는 말을 더 자주 쓰긴 하지만, 한때는 상종가가 공식 용어였죠. 두 단어 모두 '어떤 종목의 주가가 그날 오를 수 있는 한계까지 최대한 올랐다'는 뜻입니다.

여기서 한계까지 올랐다는 건 대체 무슨 뜻일까요? 우리나라 증시에서는 어떤 종목이라도 주가가 하루에 30% 이상 오르내리지 못하도록 제한하고 있습니다. 따라서 어떤 종목 주가도 하루에 30% 이상 오를 수 없고, 30% 이하로 떨어질 수도 없습니다. 이때 기준이 되는 최대치 상승 가격을 상한가(상종가), 최대치 하락 가격을 하한가

(하종가)라고 부르죠.

그렇다면 왜 이런 가격 제한을 둔 걸까요? 주가가 급등락하는 걸 그대로 놔두면 주식시장이 혼돈에 빠질 수 있다는 판단 때문입니다. 주가가 한번 상승 흐름을 타면 너도나도 그 주식을 사겠다고 몰려들어 주가가 폭등하는 경우가 있습니다. 떨어질 때도 마찬가지입니다. 이런 비이성적인 과열을 막기 위해 하루에 주가가 오르내릴 수 있는 폭을 정해 버린 겁니다. 일종의 주가 과속을 막는 '브레이크'를 단 거죠. 아시아에서 일본이나 중국, 대만 등도 이렇게 가격 제한 폭을 설정하고 있습니다.

반면에 미국이나 유럽 증시에는 이런 규정이 아예 없습니다. 주가가 폭등하건 폭락하건, 다 그만한 이유가 있을 테니 그대로 반영하자는 취지죠. 그래서 미국이나 유럽 증시에서는 1만 원 하던 주식이 하루 만에 100만 원이 될 수도 있고, 100만 원 하던 주식이 100원이 될 수도 있습니다.

어느 쪽이 옳거나 틀린 게 아닙니다. 이건 그 나라의 문화니까요. 하지만 한 가지 확실한 것은, 만약 우리나라에서 주가의 등락 폭을 정해 놓지 않았다면 '상종가'라는 단어는 애초에 등장하지 않았을 거라는 점입니다.

슬기로운 '주식 쇼핑' 하기

주식은 어디서, 어떻게 살까

- 수수료와 직·간접투자 -

수수료가 그렇게 낮다고?

2교시에 우리는 증권사가 어떤 곳인지 잠깐 살펴봤습니다. 증권사는 주식을 사고파는 투자자들을 연결해 주는 '중개인' 역할을 하는 곳이라고 했던 것 기억하나요? 주식을 사겠다는 사람과 팔겠다는 사람 간의 거래를 연결해 준 뒤, 거래를 마친 투자자들로부터 수수료를 받아 돈을 버는 회사라고 했죠.

그렇다면 증권사는 고객들로부터 수수료를 얼마나 받을까요? 놀라지 마세요! 물론 증권사마다 차이가 좀 있지만 대략 전체 거래 금액의 0.01% 수준입니다. "0.1%도 아니고, 고작 0.01%라고요?" 하며 놀라는 목소리가 여기까지 들리는 것 같네요. 하지만 사실입니다.

2000년대 중반 한 증권사가 "우리는 고객의 수익률로 직원들을 평가하겠습니다."라는 텔레비전 광고를 낸 적이 있습니다. 그런데 가만히 생각해 보면 좀 이상합니다. 그럼 그전까지는 증권사가 고객의 수익률로 직원들을 평가하지 않았다는 말이잖아요? 그렇다면 그동안 무엇으로 직원들을 평가했다는 이야기일까요?

당시만 해도 증권사의 수익에서 가장 중요한 것은 수수료 수입이었습니다. 2000년대 초반 증권사의 중개 수수료는 보통 0.2~0.3% 정도로, 요즘에 비해 20~30배나 높았습니다. 수수료라는 건 고객이 거래를 많이 해야 더 많이 발생하게 됩니다. 예를 들어 주식을 한 번 산 뒤 10년 동안 거래를 하지 않은 고객이라면 증권사 입장에서는 매우 불량한 고객이 됩니다. 고객이 주식을 자꾸 사고팔아야 자신들이 수수료 수입을 많이 챙길 수 있으니까요.

이런 상황에서 증권사 직원들이 좋은 평가를 받는 방법은 고객의 돈을 불리는 게 아닙니다. 고객이 돈을 불리든 잃든, 자꾸 거래를 하도록 만들어 수수료를 많이 챙기는 직원이 회사에 돈을 많이 벌어다 주는 직원이었던 겁니다. 그래서 당시 증권사 직원들은 고객에게 "고객님, 이번에 ○○회사 주식 전망이 좋습니다. 꼭 사시죠. 보유하고 계신 △△회사 주식은 틀렸으니, 당장 파시고요."라며 잦은 매매를 권했습니다. 고객의 수익률 따위는 안중에도 없었죠.

그러다 2000년대 중반부터 온라인으로 주식을 매매하는 시스템이 보편화됐습니다. 사람들은 이제 증권사 직원에게 조언을 구하지 않고, 책이나 인터넷 등을 통해 정보를 얻은 뒤 스스로 거래를 하기 시작했습니다. 이 틈을 타서 온라인 전문 증권사들이 생기기 시작했습니다. 온라인 전문 증권사들은 0.2~0.3% 정도였던 중개 수수료를 0.02%까지 떨어뜨리고 고객들을 끌어들였습니다. 이에 따라 고객들은 수수료가 싼 온라인 증권사로 대거 이동해 버렸습니다. 이후 온라인 매매가 대세가 됐고, 증권사들끼리 수수료 인하 경쟁이 붙었습니다. 그래서 수수료가 최근 0.01% 수준까지 떨어진 거죠.

직접투자와 간접투자, 어떻게 다를까

심지어 요즘은 중개 수수료를 아예 받지 않는 증권사들도 상당히 많습니다. 일정 기간에 증권사 고객으로 가입하면 평생 수수료를 면제해 주는 행사도 자주 열리죠. 여기서 이런 궁금증이 생기는군요. 수수료를 안 받으면 증권사는 대체 어떻게 먹고살까요?

바로 지금이 직접투자와 간접투자에 대해 본격적으로 짚고 넘어갈 순서입니다. '직접투자'란 말 그대로 내가 직접 주식을 사고파는 것을 뜻합니다. 수수료가 저렴한 증권사의 고객으로 가입한 뒤 오로지 자신의 판단으로 주식을 골라 사고파는 것이죠. 사실 이 직접투자는 말처럼 쉬운 일이 아닙니다. 어떤 종목이 유망한지 스스로 공부해야 하고, 내가 투자한 회사에 뜻밖의 나쁜 일은 없는지도 꼼꼼히 챙겨야 하니까요. 직장인이나 학생들이 그런 전문적 지식을 얻는 게 쉬운 일은 아니죠.

그래서 '간접투자'라는 게 생겼습니다. 내 돈을 전문가에게 맡겨 버리는 겁니다. 그러면 전문가들이 그 돈을 모아서 나 대신 고민을 하고 투자 계획을 세운 뒤, 적절한 종목을 골라 투자를 해 줍니다. 앞에서도 살펴봤지만, 가장 대표적인 간접투자 상품으로 '펀드'가 있습니다. 혹시 시간이 나면 집 주변 증권사에 가서 펀드를 판매하는 창구에 한번 들러 보세요. 펀드는 은행에서도 판매하니 은행의 펀드 판매 창구를 찾아가도 됩니다. 그곳에 가면 다양한 펀드 상품을 안내하는 소책자들이 널려 있을 거예요.

증권사들이 중개 수수료를 면제해 주면서까지 고객을 확보하려는 이유가 여기에 있습니다. 어차피 직접투자 시장에서는 경쟁이 너무 심해 수수료를 높일 수가 없습니다. 너도나도 0%에 가까운 수수료를 책정하는 상황에서, 혼자만 높은 수수료를 책정하면 고객들이 다 떨어져 나가겠죠. 그럴 바에는 아예 0%에 가까운 수수료로 고객을 먼저 불러 모은 뒤, 그들에게 계속 펀드 상품 가입을 유도하는 겁니다. 펀드 상품 수수료가 높으니, 이를 통해 수익을 창출하려는 거죠.

2000년대 초반까지 증권사의 주요 수입원이 중개 수수료였다면, 요즘은 펀드 판매 수수료로 바뀌었습니다. 즉 증권사가 직접투자를 통해서가 아니라 간접투자를 통해서 돈을 벌고 있다는 뜻이죠.

간접투자 결과도 내 책임이다

그렇다면 이제 펀드에 대해서 공부를 좀 해 봐야겠군요. 직접투자는 증권사의 고객으로 가입해야만 할 수 있지만 펀드 투자는 은행 창구를 통해서도 할 수 있습니다. 증권사건 은행이건 더 가깝고 편한 곳으로 찾아가면 됩니다. 마음에 드는 펀드를 고른 뒤 증권사 또는 은행에 돈을 맡기면, 펀드매니저라고 불리는 전문가가 고객의 돈을 모아서 적당한 주식에 투자해 수익을 내 줍니다. 내 돈을 전문가가 대신 굴려 주기 때문에 펀드에 투자할 때에는 수수료를 꼭 내야 합니다. 이것도 펀드마다 다르지만 보통 매년 자기가 맡긴 돈의 1.5% 정도를 수수료로 냅니다.

그런데 만약 내가 100만 원을 펀드에 맡겼는데 1년 뒤 재산이 줄어들면 어떻게 할까요? 주식 투자라는 게 매일 돈을 벌기만 하면 얼마나 좋겠습니까. 하지만 때에 따라서 주가가 폭락할 수도 있고, 하필 내가 고른 전문가의 실력이 형편없을 수도 있습니다. 아무리 간접투자라고 해도 그 책임은 내가 져야 하는 겁니다. 내 결정으로 그 펀드에 돈을 넣은 거니까요.

투자한 돈이 줄어들었다고 해서 누구도 배상해 주지 않습니다. 그리고 이 경우에도 당연히 수수료를 내야 합니다. "아니, 그 전문가라는 놈 때문에 손해를 봤는데도 수수료를 내야 된다고요?"라며 화를 내도 소용없습니다. 손실을 본 것은 내 책임이고, 1년 동안 전문가가 내 돈을 맡아 운영해 주었으니 대가를 치러야 합니다.

여러분은 이 점을 꼭 명심해야 합니다. 직접투자는 물론이고 간접투자 또한 투자의 결과에 본인이 책임을 져야 한다는 것 말입니다. 다시 말해 펀드에 가입할 때에도 충분한 공부와 준비가 필요하다는 이야기입니다.

알.쓸.신.주. **알아두면 쓸모 있는 신기한 주식 이야기**

☆주식시장도 계절을 탄다고?

여러분은 계절 타나요? 저는 11월이 되면 여러 가지로 마음이 들뜹니다. 다사다난했던 한 해가 어느덧 막바지에 이르고, 하얀 눈이 기다려지는 겨울이 코앞이니까요. 그런데 증시와 겨울 사이에 밀접한 관련이 있다는 이야기, 혹시 들어 봤나요?

증시에서는 보통 11월을 기점으로, 겨울이 다가올수록 주가가 오르는 경향이 나타납니다. 물론 꼭 그렇다는 건 아니지만 통계적으로 겨울(11월부터 이듬해 1월까지)에 주가가 오르는 경우가 상대적으로 많다는 거죠.

연말에 주가가 오르는 현상을 '산타 랠리(santa rally)'라고 부릅니다. 산타 랠리가 벌어지는 이유는 두 가지입니다. 하나는 크리스마스가 낀 연말이 되면 사람들의 소비가 늘어 경기가 좋아지기 때문이라는 겁니다. 다른 하나는 기관투자가들이 연말 결산을 앞두고 좋은 성적을 내기 위해 주식을 잔뜩 사서 인위적으로 주가를 끌어올리기 때문이라는 거예요.

기관투자가는 엄청난 돈을 굴리면서 증시에 막강한 영향력을 과시합니다. 그런데 기관투자가들의 성적은 보통 연 단위로 매겨집니다. 연초에 비해 자신들이 투자한 주식의 주가가 연말에 얼마나 올랐는지를 비교해 평가받는 거죠. 이러다 보니 기관투자가들은 연말에 자신이 보유한 주식의 주가를 집중적으로 끌어올리려는 경향이 있습니다. 주가란 주식을 사려는 사람이 많아지면 오르는 법이므로, 이들은 여분의 돈을 모두 투자해 최대한 자기가 보유한 종목의 주가를 끌어올리려 하죠. 이 덕에 12월에 특히 주가가 오른다는 겁니다.

1월에 주가가 오르는 현상은 '1월 효과'라고 부릅니다. 이는 새해를 맞아 희망찬 마음으로 주식을 사는 투자자가 많아지기 때문에 생기는 현상입니다. 이렇게 산타 랠리와 1월 효과가 이어져 겨울에 증시가 강세를 보이게 되는 것이죠.

한편 여름(7~8월)에도 주가가 반짝 오르는 일이 있습니다. 이런 현상을 '서머 랠리(summer rally)'라고 부르죠. 서머 랠리가 발생하는 이유도 기관투자가들 때문입니다. 투자회사 직원들도 여름휴가를 가야 하는데, 성적이 시원찮으면 휴가 때 제대로 쉴 수나 있겠습니까? 그래서 휴가 전에 자신들이 보유한 종목의 주가를 바짝 끌어올린 뒤 홀가분한 마음으로 휴가를 가려고 하는 것이죠. 이로 인해 그 시기 주가가 오른다는 거고요.

하지만 이런 말들은 재미 삼아 듣고 흘려야지 절대로 맹신해서는 안 됩니다. 말이 그렇다는 거지, 반드시 그런 일이 벌어진다는 법은 없으니까요.

기업의 정보가 궁금하다면

- 공시와 기업 설명회 -

기업의 모든 정보는 공개되어야 한다

기본적으로 주식회사는 주주들의 회사입니다. 주주 한 명의 것이 아니라 모든 주주의 회사라는 뜻이죠. 물론 주주들의 비중이 모두 같지는 않습니다. 앞에서 설명한 대로 주식회사는 1원 1표제로 운영됩니다. 주식을 더 많이 가질수록 더 많은 권리를 갖는다는 뜻이죠. 하지만 주식 숫자가 적다고 주주가 아닌 것은 아닙니다. 주주 모두가 보유한 주식만큼의 권리를 행사할 수 있습니다.

그렇다면 회사는 주주들에게 회사에 관한 정보를 어디까지 제공해야 할까요? 원칙적으로 회사는 주주들에게 그야말로 모든 정보를 제공해야 합니다. 주주가 회사의 주인이니까요. 회사 실적이 어떤지, 대표는 어떤 사람인지, 최근 장사가 잘되는지 안되는지 등을 주주들에게 세세히 알려 줄 의무가 있습니다.

그렇다면 주주들에게만 회사 정보를 알려 주면 될까요? 물론 원칙적으로는 그런데, 문제는 주주들이 너무 자주 바뀐다는 데 있습니다. 하루에도 주주가 몇 번씩 바뀌기 때문에 도대체 어떤 주주들에게 회사 정보를 알려야 할지 난감할 때가 많죠.

그래서 상장회사는 회사의 주요 정보를 주주들뿐만 아니라 모든 예비 투자자들에게도 다 공개해야 합니다. 상장이란 (공부를 잘해서 주는 상장이 아니고!) 한국거래소의 심사를 통과해 일반인도 그 회사 주식을 쉽게 거래할 수 있도록 허락을 받는 제도라고 배웠습니다. 따라서 상장회사 주식은 그야말로 대한민국 국민이라면 누구나, 심지어 미성년자도 사고팔 수 있습니다.

이런 회사는 주주가 아닌 다른 투자자들에게도 회사의 모든 정보를 공개해야 합니다. 왜냐하면 그들 중 누구나, 언제든지 주주가 될 수 있기 때문이죠. 또 (아직 주주는 아니지만) 주주가 되려고 하는 사람들에게도 회사의 정보를 공개하는 것은 너무나 당연합니다. 텔레비전을 파는 곳에서 고객에게 "우리 회사 텔레비전의 특징은 비밀이어서 설명드릴 수 없습니다. 텔레비전을 사셔야 텔레비전이 어떻게 작동하는지 알려 드립니다."라고 말해서는 안 되잖아요? 예비 고객에게도 텔레비전의 기능을 모두 설명해야 하는 겁니다.

전자 공시 시스템을 들여다보자

그래서 상장 기업은 회사의 주요 정보를 대중에게 공개할 의무가 있습니다. 이렇게 회사 정보를 상시적으로 공개하는 것을 '공시'라고 부릅니다. 우리나라에는 2,000개가 넘는 상장 기업이 있다고 했죠? 이 회사들 모두가 회사의 주요 정보를 매일 공시합니다. 당연히 공시의 양이 엄청나겠죠? 그렇다면 이 많은 공시 정보를 어디에서 볼 수 있을까요?

금융감독원이 운영하는 전자 공시 시스템(dart.fss.or.kr)이라는 곳에서 볼 수 있습니다. 이 사이트는 그야말로 투자자들에게 보물 창고 같은 곳입니다. 여기에 2,000여 개 상장 기업의 모든 공시 정보가 담겨 있으니까요.

주식에 처음 관심을 둔 초보 투자자는 이 많은 정보 중 뭐가 중요한 것인지 분류하는 일만 해도 시간이 좀 걸립니다. 하지만 투자란 결국 기업을 얼마나 잘 이해하느냐에 관한 싸움이니 좀 어렵더라도 꾸준히 공시를 뒤져 보는 습관을 가져야 합니다.

공시의 종류도 여러 가지입니다. 가장 중요한 것은 '정기공시'입니다. 정기공시란 기업이 정기적으로 투자자에게 보고하는 것들입니다. 예를 들어 상장 기업은 우리 회사가 얼마나 장사를 잘했나(혹은 못했나)를 정기적으로 공시합니다. 정기적이라 함은 3개월을 뜻합니다. 모든 상장 기업은 3개월에 한 번씩 사업 성적표를 매우 상세하게 작성한 뒤 공시하죠.

주주총회를 앞두고 1년 결산보고서를 작성하는데 이것을 사업보고서라고 합니다. 그리고 매년 3월과 6월, 9월에도 사업을 마치면 보고서를 냅니다. 이 보고서를 분기보고서(3월과 9월)와 반기보고서(6월)라고 부릅니다. 기업의 공시 정보 중 가장 중요한 것이 이 네 개의 보고서라 할 수 있습니다.

이 외에도 큰 거래를 따내 사업 전망이 무지 밝아졌다거나, 거래가 취소돼 엄청난 손실을 입었다거나 하는 내용도 다 공시해야 합니다. 이렇게 수시로 사업 현황을 보고하는 것을 '수시공시'라고 합니다. 또 주요 주주들이 주식을 샀는지 팔았는지, 기업이 새로 주식을 찍었는지 등도 공시합니다. 한마디로 상장 기업은 기업의 모든 것을 공개해야 한다는 뜻입니다.

그래서 이런 이유로 주식을 상장하는 것을 꺼리는 회사들이 가끔 있습니다. 주식을 찍어서 발행하면 회사가 큰 자금을 얻을 수 있는데

도요. 매 사안마다 공시를 하고 주주들의 간섭을 받는 게 싫다는 이유입니다.

공시와는 조금 다르지만 기업 설명회라는 것도 있습니다. 혹시 PR이라는 단어 들어 보셨나요? "그 사람은 참 자기 PR에 능해."라고 할 때의 PR입니다. 영어로는 Public Relation이라고 씁니다. '대중들과 맺는 관계'쯤으로 해석이 되는데, 쉽게 이야기하면 '홍보'라는 의미입니다. 이에 비해 기업 설명회는 대중에게 기업을 홍보하는 것이 아니라 주주들에게, 혹은 투자에 관심 있는 예비 주주들에게 회사의 장점을 설명하는 행사입니다. 영어로 Investor Relation('투자자와의 관계'라는 뜻)이라고 쓰고 약자로 IR이라고 많이 부릅니다.

IR은 의무적으로 해야 하는 공시와 달리 기업들이 자발적으로 개최하는 것입니다. 주주들에게 잘 보여 호감을 얻어야 주주총회도 원활하게 진행되고 주가도 오르기 때문입니다. 물론 IR을 의무적으로 해야 할 이유는 없습니다. 하지만 요즘은 주주들과의 관계가 기업 경영에서 매우 중요한 과제로 부각됐기 때문에 많은 기업이 PR 못지않게 IR에도 신경을 쓰는 추세랍니다.

내부 정보를 악용한 범죄

한 가지 더 알아 둬야 할 점이 있습니다. 회사의 내부인들, 예를 들면 최대 주주나 최고 경영자, 혹은 임원 들은 회사의 내부 사정을 누구보다 잘 압니다. 주요 사실을 공시하기 전에 그 내용을 먼저 보고받는다는 뜻이죠.

그래서 가끔 회사 내부 사람들이 아직 공시되지 않은 정보를 이용해 주식을 사고팔아 거액을 챙기는 일이 생깁니다. 예를 들어 어떤 회사가 엄청난 거래를 따냈고, 이 사실을 발표하면 주가가 급등할 것이 분명합니다. 당연히 이 사실을 공시해야 하는데, 회사 사장이 이 사실을 보고받고 공시하기 직전에 주식을 왕창 삽니다. 그리고 공시를 한 뒤 주가가 폭등하면 냉큼 팔아서 이익을 챙기는 겁니다. 반대의 경우도 가능하죠. 회사가 큰 손실을 입었을 때, 주식을 갖고 있는 임원 등이 이 사실을 미리 알고 공시를 하기 전에 주식을 팔아 손실을 줄이는 겁니다.

이익을 챙기건 손실을 줄이건, 두 경우 모두 범죄입니다. 공시 전에 내부 정보를 이용해 이익을 챙기면 '자본시장과 금융투자업에 관한 법률(자본시장법)'이라는 다소 긴 이름의 법 위반으로 처벌을 받습니다. 처벌도 꽤 강합니다. 10년 이하의 징역 또는 내부 정보로 얻은 이익(혹은 회피한 손실)의 3배 이상에서 5배 이하에 상당하는 벌금을 물리니까요.

사악한 내부자들은 중요한 정보를 공시 전에 미리 파악한 뒤, 아는 사람에게 몰래 정보를 흘려 이익을 챙기게 합니다. 그 이익을 나중에 나누려는 거죠. 이것도 당연히 불법입니다. 물론 본인이 직접 한 짓이 아니라 남을 시켜서 한 짓이기에 적발이 쉽지 않지만요.

그래서 이런 못된 거래를 적발하기 위해 주식시장을 감시하는 기구가 마련됐습니다. 이 기구가 금융감독원이라는 곳입니다. 금융감독원은 부정직한 거래를 적발해 처벌하는 중요한 일을 맡았기 때문에 '금융권의 경찰' 혹은 '금융권의 검찰'이라는 별명을 가지고 있답니다.

알.쓸.신.주. 알아 두면 쓸모 있는 신기한 주식 이야기

☆코스닥 지수의 비밀

우리나라에는 코스피와 코스닥, 두 개의 시장이 있다는 사실을 앞에서 배웠습니다. 여기서 한 걸음 더 나아가 보죠. 두 시장에는 각자 시장을 상징하는 지표가 있습니다. 이를 보통 '지수'라고 부릅니다.

왜 이런 지수를 만들까요? 투자자는 개별 종목에 투자합니다. 그래서 투자자에게 가장 중요한 것은 내가 투자한 종목의 주가입니다. 그런데 아무리 내가 투자한 종목이 중요해도, 그 종목의 주가만 노려보고 있으면 곤란합니다. 개별 종목의 주가라는 것이 결국 전체 증시의 분위기에 좌우되는 경우가 많거든요.

예를 들어 나라 경제가 좋아져서 전체 증시가 뜨겁게 달아오르면, 내가 투자한 종목도 대개 오릅니다. 반대로 나라 경제가 휘청거리면 내가 투자한 종목의 전망이 아무리 밝아도 주가가 떨어지죠. 주가란 우리가 배웠듯이 결국 수요와 공급에 의해 결정되기 때문에 전체적으로 증시 분위기가 좋으면 주식을 사겠다는 수요가 늘어나고, 분위기가 나쁘면 그 수요가 줄어듭니다.

그래서 전체 증시의 분위기를 쉽게 알도록 하기 위해 지수를 만든 겁니다. 예를 들어 한국을 대표하는 코스피 시장의 경우 전체 종목 주가의 평균을 내서 지수를 만듭니다. 이 지수 이름이 '코스피 지수'입니다.

코스피 지수를 산정하는 방법은 이렇습니다. 1980년 1월 4일(코스피 지수가 처음 만들어진 날입니다) 증시에 상장된 모든 종목 주가를 평균한 값을 100으로 놓습니다. 그리고 이 값을 기준으로 평균값이 얼마나 변했는지를 매일 기록하는 거죠. 예를 들어 요즘 코스피 지수가 3,000쯤이라면 이 말은 요즘 증시에 상장된 종목의 주가가 40년 전인 1980년에 비해 30배쯤 올랐다는 이야기입니다.

우리나라에는 코스닥이라는 시장도 있으니 '코스닥 지수'도 당연히 있겠군요. 코스피보다 그 역사가 훨씬 짧은 코스닥 시장은 1996년 7월 1일(코스닥 시장이 처음 개장한 날) 코스닥 시장에 상장된 모든 종목 주가를 평균한 값을 100으로 놓았습니다.

그런데 여기에 한 가지 함정이 있습니다. 요즘 코스닥 지수가 1,000쯤 한다면 '1996년에 비해 10배쯤 올랐다는 이야기겠네?'라고 생각하기 쉬운데, 이게 그렇지가 않습니다. 왜냐하면 코스닥 지수는 1999년과 2000년 이른바 '닷컴 전성시대'에 300 근처까지 치솟은 적이 있었습니다. 1996년 100으로 출발했으니 3~4년 만에 3배 가까이 성장한 셈이지요.

하지만 이후 끝없는 추락을 거듭해서 2004년에는 지수가 40 언저리까지 폭락했습니다. 100으로 시작한 지수가 반토막이 난 거죠. 문제는 이 지수를 세계 어디에 소개하기가 너무 창피하다는 데 있었습니다. 다른 나라 지수들은 몇만 단위에서 움직이는데, 그래도 한 나라를 대표하는 시장의 지수가 40 언저리라는 게 말이 안 되잖아요. 그래서 이 부끄러움을 해소하기 위해 2004년에 코스닥 지수를 아무 이유 없이 10배로 부풀렸습니다. 40쯤 하던 지수를 400 선까지 인위적으로 조정한 겁니다. 출발 당시 100이던 기준 시점의 지수를

10배인 1,000으로 높여 잡아 계산하기 시작한 것이죠. 이 과정에서 2004년 이전의 코스닥 지수도 똑같은 방식으로 조정됐답니다.

그러니까 지금 코스닥 지수가 1,000이라면, 이는 사실 원래대로라면 100이었을 것을 10배 부풀린 숫자입니다. 따라서 코스닥 지수 1,000은 1996년 지수 출범 당시에 비해 10배가 올랐다는 이야기가 아니고, 사실은 25년 전 원점인 100으로 겨우 되돌아간 수준인 셈인데 그렇게 말하기 좀 창피하니까 1,000이라고 올려 부른다는 뜻입니다.

어떤 주식을 사야 할까

- 주가 평가 기준 -

비싼 게 좋다는 고정관념을 버려라

주식 투자를 처음 하는 사람들이 저지르는 가장 큰 잘못 중 하나가 남의 말만 듣고 아무 주식이나 사는 것입니다. 친구들이 저에게 가끔 "나, 이 주식 샀다!"라며 자랑을 하는데, 제가 "뭐 하는 회사인데?"라고 물으면 "몰라, 증권사 다니는 아무개가 추천해 줬어."라고 답을 합니다. 저는 속으로 '주식 투자란 주주, 즉 회사의 주인이 되는 일인데 그 회사가 어떤 회사인지도 모르고 주식을 샀어?' 하며 핀잔을 줍니다. 하지만 진짜 그렇게 말하면 우정이 깨질까 봐 조심스럽게 물어봅니다. "그래, 싼 가격에 잘 샀겠지?" 그러면 친구들이 이렇게 답하죠. "어, 엄청 싸게 샀어. 주가가 3,000원밖에 안 하더라고." 이런 답을 들으면 억장이 무너집니다. '어이쿠, 넌 앞으로 절대 주식 사지 마라!'라는 말이 목구멍까지 올라오곤 하죠.

이번에 우리는 주식을 고르는 기준을 알아볼 겁니다. 본격적으로 공부하기 전에 꼭 한 가지 당부하고 싶은 것이 있습니다. 소비자로서 우리는 보통 싼 물건보다 비싼 물건의 품질이 더 좋을 거라는 고정관념을 갖고 있습니다. 1,000원짜리 과자보다 2,000원짜리 과자가 양도 많고 맛도 있을 것 같죠. 화장품이나 게임기를 고를 때도 싼 제품보다 비싼 제품이 우수하다고 믿습니다.

하지만 주식 투자를 할 때는 이런 고정관념을 완전히 버려야 합니다. 우리가 주식을 사는 이유는 그 주식을 '과자'처럼 까먹거나 '화장품'처럼 얼굴에 바르기 위해서가 아닙니다. 잘 가지고 있다가 언젠가 비싼 가격에 되팔기 위해서죠. 그래서 주식은 일반 상품과 달리 철저히 싸게 사야 합니다. 그래야 나중에 비싸게 되팔기에 유리하기 때문입니다. 고정관념을 확실히 버리자는 차원에서 다음 문장을 다시 한번 큰 소리로 읽어 봅시다. "주식은 비싼 게 아니라 싼 게 더 좋은 거다!"

어떤 주식이 싼 주식일까

그렇다면 어떤 주식이 싼 주식일까요? 예를 들어 대략 160만 원 선에서 거래되는 'LG생활건강'의 주가는 싼 걸까요? 엄청 비싸 보인다고요? 학생이 160만 원이 어디 있냐고요? 좋습니다. 일단 비싸다고 칩시다. 반면에 '삼성전자'의 주가가 대략 5만 원 선에서 거래된다면 어떤가요? 왠지 싸 보이죠? 5만 원 정도면 학생도 살 수 있으니까요. 좋습니다. 이것도 일단 싸다고 칩시다.

이번에는 다른 예를 들어 보죠. 자동차 한 대의 가격이 160만 원이라고 해 봅시다. 이건 싼 건가요? 헉, 그건 싸도 너무 싸다고요? 세상에 자동차를 160만 원에 파는 곳이 어디 있냐고요? 그런데 우리는 조금 전에 LG생활건강의 주가가 160만 원이라고 했을 때 모두 비싸다고 생각했습니다. 하지만 160만 원짜리 자동차는 대번에 싸다고 생각하는군요. 뭔가 이상하지 않나요?

이런 예는 어떻습니까? 풍선껌 한 통을 5만 원에 파는 곳이 있습니다. 장난하냐고요? 1,000원이면 살 수 있는 풍선껌을 어떤 정신 나간 인간이 5만 원에 파냐고요? 네네, 충분히 화가 날 만합니다. 하지만 여기서도 이상한 대목이 있습니다. 우리는 조금 전에 삼성전자 주가가 5만 원이라고 했을 때 '비교적 싸다'라고 생각했잖아요? 하지만 풍선껌 5만 원은 비싸다고 생각하는군요.

바로 이 지점이 중요합니다. 어떤 주식이 싼지 비싼지를 판단할 때

가장 바보 같은 행동이 가격만 보고 판단하는 겁니다. 겉으로 드러난 수치보다 더 중요한 것은 바로 본질적 가치입니다. 만약 LG생활건강의 주가가 160만 원이더라도 그 주식이 2,000만 원 정도의 가치가 있다면 이 회사의 주가는 무지하게 싼 겁니다. 2,000만 원짜리를 160만 원에 파는 거니까요. 반면에 삼성전자 주식을 5만 원에 샀는데, 실제 가치는 1,000원 정도밖에 안 된다면 우리는 바가지를 쓴 게 됩니다.

따라서 우리는 어떤 회사의 주가가 싼지 비싼지 판단할 때, 거래되는 가격이 아니라 그 기업의 본질적 가치를 살펴야 합니다. 기업의 본질적인 가치에 비해 가격이 싼 주식을 고르는 것이 바로 투자를 성공으로 이끄는 지름길이죠.

액면 분할로 주식을 쪼개니 액면가가 뚝!

앞서 예를 든 삼성전자 주식만 해도 가격만 보고 골랐다가는 낭패를 입었을 일이 실제로 발생했습니다. 지난 2018년 5월 3일까지 삼성전자 주가는 무려 250만 원이 넘었습니다. 그런데 5월 4일, 삼성전자 주가가 갑자기 5만 원대로 내려앉았습니다. '아니, 250만 원 하던 주식이 50분의 1로 떨어지는 건 뭐야? 회사가 망했나?' 하는 생각이 들죠. 하지만 삼성전자는 전혀 망하지 않았고, 여전히 사업을 잘하고 있습니다.

그렇다면 250만 원짜리 주식이 하루아침에 5만 원대로 떨어진 이유는 무엇일까요? 원래 주식을 발행할 때는 주식 한 장당 가격이 정해져 있습니다. 이것을 '액면가'라고 합니다. 삼성전자는 처음 회사를 세울 때 주식 한 장의 가격을 5,000원으로 정했습니다. 액면가가 5,000원이었던 셈이죠. 투자자들은 5,000원을 회사에 내고 그 주식 한 장을 받아 왔습니다. 이후 삼성전자가 수십 년 동안 사업을 아주 잘해서 주가가 무려 250만 원이 된 겁니다.

그런데 막상 주가가 250만 원이 되니 투자자들이 이 주식을 사고팔기가 어려워졌습니다. 주식 한 주만 사려고 해도 250만 원이나 필요했으니까요. "나는 50만 원밖에 없으니 혹시 주식 5분의 1장만 살 수 없나요?"라고 물어보면 혼납니다. 주식을 그렇게 쪼개서 파는 법은 없습니다.

이처럼 주가가 너무 높으면 투자자들의 거래가 불편해집니다. 그래서 삼성전자는 2018년 5월 4일 '액면 분할'이라는 것을 단행합니다. 액면 분할이란 주식의 액면가를 일정한 분할 비율로 나눠 주식 수를 증가시키는 일을 뜻합니다. 애초에 5,000원이었던 주식 액면가를 2분의 1로 분할하면, 2,500원짜리 주식 두 장이 됩니다. 10분의 1로 분할할 수도 있는데 이러면 500원짜리 주식 10장이 되죠. 삼성전자는 5,000원이었던 액면가를 50분의 1, 즉 100원으로 바꿨습니다. 이렇게 하면 액면가 5,000원이었던 주식 한 장은 액면가 100원짜리 주식 50장으로 바뀝니다. 주가도 당연히 250만 원 선에서 50분의 1 수준인 5만 원

선으로 떨어지지만, 개인이 보유한 주식 숫자가 50배로 늘어나게 되죠.

어떤가요? 액면 분할을 통해 삼성전자 주가가 250만 원에서 5만 원으로 떨어졌지만, 삼성전자 주식은 싸지지도 비싸지지도 않았습니다. 그 기업의 본질은 여전히 똑같으니까요. 다만 고객의 편의를 위해 매매 단위를 훨씬 잘게 쪼갠 것뿐입니다. 이렇듯 주식의 가격이 얼마인지만 보고 그것이 싼지 비싼지를 절대 평가할 수 없습니다. 해당 기업의 본질적인 가치와 비교해 현재 형성된 주가가 어떠한지를 따져야 하죠.

어떤 주식이 그 가치에 비해 싼 것인지 비싼 것인지를 판단하는 방법은 다음 장부터 배울 것입니다. 이번에는 두 가지만 꼭 기억하기로 하죠. 첫째, 주식은 싼 게 더 좋은 것이다. 둘째, 눈에 보이는 가격이 낮다고 해서 싼 주식이 아니라 기업의 본질적 가치에 비해 주가가 낮은 것이 더 싼 것이다.

☆목숨을 걸고 투자한다!

요즘은 바둑 두는 사람들이 별로 많지 않죠? 아마 여러분은 '조치훈' 이라는 이름을 들으면 생소한 느낌이 들 겁니다. 그런데 바둑에 대해 좀 아는 사람들 사이에서 조치훈은 그야말로 살아 있는 전설로 회자되는 인물입니다.

조치훈은 여섯 살 때 일본으로 바둑 유학을 떠났습니다. 그는 1980년 명인(名人)에 오른 뒤 기성(碁聖)과 본인방(本因坊)을 차례로 석권하며 일본 바둑 역사상 최초로 3대 바둑 타이틀을 동시에 획득한 대삼관(大三冠)에 오르기도 했죠(기성, 명인, 본인방은 일본 바둑계의 서열 1~3위 바둑 대회입니다).

그런 조치훈이 1986년, 일본에서 가장 큰 규모의 바둑 대회인 기성전을 앞두고 초대형 교통사고를 당합니다. 두 다리가 부러지고 왼손 관절도 박살이 났습니다. 앞서 말한 세 대회는 한 판을 두는 데 이틀이나 걸릴 정도로 엄청난 체력이 필요합니다. 목숨만 겨우 건진 수준의 조치훈이 대회에 나설 것이라 생각한 사람은 아무도 없었죠.

하지만 조치훈은 의사의 만류에도 불구하고 "나에게는 생각할 수 있는 머리가 있고, 바둑돌을 놓을 수 있는 오른손이 있다"며 출전을 강행했습니다. 그리고 휠체어에 앉아 한 판에 이틀씩 걸리는 바둑을 무려 여섯 판이나 소화했죠. 결국 그는 2승 4패로 패했지만, 당시 조치훈의 투혼은 전 세계에 놀라움을 안겨 줬습니다. 그때 조치훈은 "목숨을 걸고 둔다"는 명언을 남겼습니다. '바둑 한 판 두는데 목숨까지 걸 것 있나?' 하는 생각이 들 수도 있겠지만, 진정한 프로의 자세란 바로 이런 것입니다.

주식 투자자 중에서도 조치훈과 비슷한 인물이 있습니다. 쟁쟁한 대기업 총수들을 제치고 일본 소득세 납부 1위에 오른 전설적인 투자자 고레카와 긴조是川銀蔵, 1897~1992가 그 주인공입니다. 그는 1931년 주식 투자에 입문하기 전 도서관에서 3년 동안 필사적으로 경제를 공부했습니다. 그리고 투자에 나서 대성공을 거뒀죠. 첫 거래에서 100배의 수익을 거두고, 그 후에도 평생 자신만의 투자 원칙을 철저히 지키며 꾸준히 높은 수익률을 기록했습니다.

훗날 "월 스트리트에 워런 버핏이 있다면 카부토초(兜町, 도쿄증권거래소가 위치한 거리)엔 고레카와 긴조가 있다."라는 평가가 나오기도 했습니다. 그는 자신의 성공 비결을 이렇게 설명했습니다. "목숨을 건 진검 승부의 자세로 투자에 임한다. 지칠 줄 모르는 철저한 연구와 열의가 탁월한 예측과 결단의 원인이 된다!"

이 정도의 마음가짐은 지녀야 프로가 되는 겁니다. 아무런 노력 없이 친구 말만 믿고 주식에 투자하겠다는 안이한 생각이 든다면 고레카와 긴조의 말을 되새길 필요가 있습니다.

좋은 기업을 고르는 기준 1

- 매출과 이익 -

좋은 기업을 고르는 네 가지 기준

우리는 앞에서 '주식은 비싼 게 아니라 싼 게 더 좋다'는 사실을 배웠습니다. 그리고 주가가 싼지 비싼지 판단할 때는 기업의 본질적인 가치를 살펴야 한다는 것도 배웠죠. 즉 기업의 본질적인 가치에 비해 가격이 싼 주식을 고르는 것이 바로 투자를 성공으로 이끄는 지름길이라고 했습니다.

그렇다면 이제 우리는 기업의 본질적인 가치를 판단하는 방법을 알아야겠군요. 기업의 본질적인 가치를 판단하는 기준은 실로 다양합니다. 하지만 모든 것을 여기서 다 공부할 수는 없으므로 가장 대표적인 네 가지 기준만 지금부터 살펴보겠습니다.

네 가지 기준은 바로 '매출, 이익, 자산, 부채(負債)'입니다. 이 네 가지는 기업의 본질적인 가치를 측정할 때 사용되는 가장 기본적이면서도 매우 중요한 기준입니다. 이번 장에서는 매출과 이익에 대해 먼저 살펴보고, 다음 장에서 자산과 부채에 관해 살펴보기로 하죠.

첫 번째 기준, 매출

'매출'이란 기업이 상품을 얼마나 많이 팔았는지를 나타내는 수치입니다. 1년 동안 회사가 판 상품의 가격을 모두 합한 수치가 그 회사의 연간 매출이 됩니다. 그렇다면 당연히 매출이 많은 회사가 좋은 회사겠군요. 상품을 적게 파는 회사보다 많이 파는 회사의 본질적인 가치가 더 높을 테니까요. 그리고 매출은 그 회사의 규모를 나타내는 중요한 지표이기도 합니다. 매출이 많다는 건 회사의 덩치가 크다는 사실을 뜻하죠.

예를 들어 우리나라에서 제일 큰 기업인 삼성전자의 2020년 매출은 236조 8,100억 원이었습니다. 이 회사는 휴대폰과 반도체, 가전제품 등을 주로 파는데, 전 세계에서 이런 물품을 판 금액이 모두 236조 8,100억 원에 이른다는 것입니다. 엄청나죠? 만약 여러분이 그 당시 삼성 갤럭시 휴대폰을 100만 원 주고 샀다면, 이 100만 원도 삼성전자의 매출에 포함됩니다.

그렇다면 국내 1위 통신사인 SK텔레콤의 매출은 어떨까요? 우리는 삼성전자나 SK텔레콤이나 둘 다 엄청나게 큰 대기업이라고만 생각합니다. 하지만 실제 매출을 살펴보면 두 회사의 규모가 상당히 차이 난다는 사실을 확인할 수 있습니다. 2020년 SK텔레콤의 매출은 18조 6,247억 원이었습니다. 만약 2020년에 여러분이 SK텔레콤에 가입해 매월 5만 원씩 1년에 총 60만 원을 냈다면 그 60만 원이 모두 이 매출에 잡혔을 겁니다. 어때요, 막상 두 회사의 규모를 비교해 보니 차이가 엄청나죠?

다음으로는 여러분이 관심을 많이 보일 것 같은 JYP엔터테인먼트의 2020년 매출을 살펴보죠. 2020년 JYP가 올린 매출은 1,434억 원(예상치)이었습니다. 만약 여러분이 그 당시 JYP가 주최한 콘서트 티켓을 10만 원 주고 샀거나, 트와이스 CD 한 장을 1만 5,000원에 샀다면 이 돈은 모두 JYP의 매출로 잡힙니다. 어떤가요? 앞선 기업들과 비교해 보니 "고작?"이라는 생각이 들죠? 200조 원이 넘는 매출을 올린 삼성전자나, 20조 원에 가까운 매출을 올린 SK텔레콤에 비하면 1,000억 원대의 매출은 좀 적어 보이긴 합니다.

두 번째 기준, 이익

매출이 기업의 크기를 짐작케 하는 지표라면 '이익'은 그 기업의 실력을 측정하는 가장 중요한 지표입니다. 이익이란 일정 기간 동안 올린 매출에서 그 매출을 올리는 데 사용된 비용을 뺀 수치입니다. 만약 어떤 기업이 100억 원의 매출을 올렸는데, 그만큼 물건을 팔기 위해 쓴 돈이 90억 원이라면, 이익은 '매출－비용'으로 10억 원이 됩니다.

한마디로 이익은 온전히 그 회사가 벌어들인 돈입니다. 어떤 기업이 과자를 만들어 100억 원어치 팔았다고 해 봅시다. 이때 매출은 100억 원이 됩니다. 당연히 과자를 팔아 번 돈 100억 원이 회사 금고로 들어오겠죠. 하지만 그 100억 원을 온전히 회사가 벌어들인 돈으로 볼 수 있을까요? 그렇지 않습니다. 일단 과자를 만드는 데 재료값이 들었을 테니까요. 밀가루나 설탕, 우유, 계란 같은 재료를 사는 데 들인 비용이 있을 겁니다. 이 돈을 매출에서 빼야 회사가 벌어들인 돈을 정확히 계산할 수 있죠.

그렇다면 나머지 돈은 다 회사가 벌어들인 돈일까요? 이것도 그렇지 않습니다. 과자를 만들기 위해 열심히 일한 노동자들에게 월급을 줘야 할 테니까요. 거기에 더해 기계를 돌리는 데 든 전기 요금이나 수도 요금 등도 있겠죠. 실제로 회사가 벌어들인 돈을 계산하기 위해서는 이런 식으로 모든 비용을 매출에서 다 빼야 합니다. 그래야 온전히 벌어들인 돈, 즉 이익을 계산할 수 있죠.

이익은 어떤 의미에서 매출보다도 더 중요한 시표입니다. 앞서 매출이 회사의 크기를 짐작하게 하는 지표라고 했는데, 회사가 크다고 해서 본질적인 가치도 높다고 보기는 어려우니까요. 반면에 이익이 많은 회사, 즉 실제로 돈을 많이 벌어들인 회사의 본질적인 가치는 당연히 높습니다. 돈을 벌어야 그 돈을 주주들에게 나눠 줄 수 있고(배당), 새롭게 투자를 해 기업을 더 키울 수도 있으니까요. 따라서 어떤 회사의 매출이 아무리 100조 원에 달한다고 해도 이익이 0원이라면 이 회사에 투자할 가치가 낮은 겁니다.

순이익과 영업이익의 차이

그런데 여기서 한 가지 더 살펴봐야 할 것이 있습니다. 매출과 달리 이익은 '순이익'과 '영업이익'으로 나눠서 살펴보는 경우가 많습니다. 여기서 순이익이란 기업 본연의 임무라고 할 수 있는 영업 활동을 통해 벌어들인 수익에 더해, 부동산이나 주식 투자 등을 통해 거둔 기타 수익까지 포함한 개념입니다. 반면에 영업이익은 그 회사가 오로지 순수하게 영업 활동을 통해 남긴 이윤만 계산한 것이죠.

이 둘 사이에는 어떤 차이가 있을까요? 예를 들어 보죠. 어떤 회사가 과자를 열심히 팔았는데도 1년 동안 한 푼도 이익을 내지 못했습니다. 그런데 이 회사가 그해 회삿돈으로 로또를 샀는데 운 좋게도 1등에 당첨됐다고 칩시다. 그래서 당첨금 25억 원이 회사 금고로 들어왔습니다. 이 경우 이 회사의 이익은 얼마일까요? 당연히 25억 원입니다. 로또에 당첨됐건, 과자를 잘 팔았건, 회사가 번 돈은 모두 이익으로 치니까요.

그렇다면 이런 회사는 본질적인 가치가 뛰어난 기업일까요? 여기서 조금 애매한 부분이 생깁니다. 분명 1년 동안 벌어들인 돈은 25억 원인데, 이건 회사의 실력으로 번 돈이 아니라 순전히 운으로 번 돈이잖아요? 이 회사가 내년에도 로또에 당첨될 것이라는 보장은 당연히 없습니다. 그래서 아무리 회사의 이익이 25억 원으로 잡힌다 해도, 이런 이익은 기업의 본질적인 가치를 측정할 때 높은 점수를 받기 어려운 겁니다.

영업이익이라는 개념이 등장하는 이유가 바로 여기에 있습니다. 영업이익은 로또처럼 회사의 실력과 상관없이 벌어들인 돈은 모두 제외하고 순수하게 장사를 통해 벌어들인 돈만 계산한 이익입니다. 그래서 어떤 기업의 실력을 측정할 때 순이익보다 영업이익을 보는 경우가 훨씬 많습니다. 앞으로 기업의 이익 지표를 볼 때는 순이익보다 영업이익이 더 중요하다는 사실, 꼭 기억하세요!

알.쓸.신.주. 알아 두면 쓸모 있는 신기한 주식 이야기

☆상투와 바닥을 알려 주는 아주 특별한 신호

주식시장에서 많이 사용하는 용어 중에 바닥과 상투라는 것이 있습니다. 바닥이란 말 그대로 주가가 떨어질 데까지 떨어졌다는 뜻인데, 이게 의외로 부정적 의미가 아니라 긍정적 의미입니다. 왜냐하면 너무 많이 떨어져서 바닥까지 도달했기 때문에 더 이상 떨어질 곳이 없기 때문이죠. 그래서 많은 전문가들이 "이 정도 떨어졌으면 바닥이므로 과감한 투자에 나설 만하다."라는 조언을 합니다.

상투라는 말은 바닥의 반대말입니다. 상투는 말 그대로 조선 시대 남자들의 머리 모양입니다. 긴 머리카락을 머리 위로 봉긋하게 솟아나도록 묶은 거죠. 머리가 사람 맨 위에 있는 곳인데, 그 위에 머리카락을 묶기까지 했으니 상투는 신체 중 그야말로 가장 높은 곳에 위치합니다. 그래서 주식시장에서는 상투라는 말을 '주가가 최대한 올랐을 때'라는 뜻으로 사용합니다. 그런데 이 말은 의외로 긍정적 의미가 아니라 부정적 의미를 지닙니다. 올라도 너무 올랐으니 더 이상 오르기 어렵다는 뜻이기 때문입니다.

많은 투자자들이 주가가 상투까지 올랐을 때 유혹을 참지 못하고 주식을 덜컥 샀다가, 이후 오랜 주가 하락으로 고통을 겪는 일이 종종 있습니다. 증시에서는 이런 불운을 '상투 잡았다'고 표현하죠. 그래서 주가가 한참 오를 때 "지금이 상투가 아닐까?"라는 고민을 해야 합니다. 그런데 주식시장에서는 상투를 알아챌 수 있는 몇 가지 독특한 신호가 있다고 말합니다.

대표적인 신호로는 속된 말로 '개나 소나 주식에 대해서 아는 척을 할 때'라는 게 있습니다. 평소 주식에 대해 아무 지식도 없던 사람들이 갑자기 나타나 "내가 이런 종목을 샀는데 이게 얼마나 좋은 종목이냐면" 하며 허세를 부리면 상투라는 이야기입니다.

투자의 전설로 꼽히는 미국의 주식 전문가 피터 린치 Peter Lynch, 1944~ 는 '칵테일 이론'이라는 독특한 이론을 설파한 적이 있습니다. 미국 상류층은 종종 칵테일파티라는 것을 하는 모양입니다. 린치가 이런 파티에 참여했을 때 "린치 씨, 이 종목을 한번 사 보세요. 이 종목에 투자하면 큰돈을 벌 겁니다."라거나 "린치 씨 투자는 엉망진창이군요. 그런 종목에 투자하니 수익이 안 좋은 거예요."라며 훈계를 늘어놓는 '주식 박사'들이 창궐하면 그때가 상투라는 겁니다. 반대로 "사람들이 나를 슬슬 피하거나, 나를 불쌍하다는 듯이 쳐다보면 그때가 바로 바닥이며 투자에 나설 때"라는 게 린치의 지론이죠.

주식 투자를 위해서는 많은 공부와 준비가 필요합니다. 남들이 주식으로 돈 벌었다고 공부도 안 돼 있는 상태에서 덜컥 따라 하는 사람들이 늘어나면 그때는 이미 상투일 가능성이 높습니다.

좋은 기업을 고르는 기준 2

- 자산과 부채 -

부채에 대한 오해

이번에 우리는 좋은 기업을 고르는 나머지 두 가지 기준, '자산과 부채'에 대해 배울 것입니다. 그런데 그 전에 하나 풀어야 할 오해가 있습니다. 좋은 기업을 고르는 기준 중 하나인 '부채(負債)'는 '빚'을 뜻합니다. 일반 개인처럼 기업도 사업을 위해 빚을 집니다. 그런데 많은 사람들이 빚은 무조건 안 좋은 것이라고만 생각합니다. 물론 빚을 많이 지는 게 좋은 건 아니죠. 하지만 빚 자체를 무조건 나쁘다고 봐서도 안 됩니다. 실제로 기업 중에 빚을 안 내고 사업하는 회사는 거의 없습니다. 삼성, LG 등 우리나라 대기업은 물론이고 구글, 마이크로소프트, 애플 등 세계적인 기업들도 마찬가지죠.

어떤 기업이 1년 동안 사업을 하고 밑천의 10%를 이익으로 만들어 낸다고 해 봅시다. 100만 원을 투자하면 1년에 10만 원을 버는 셈이죠. 그런데 은행에서는 연 3%의 이자로 돈을 빌려줍니다. 그렇다면 이 기업은 돈을 빌리는 게 유리할까요, 아니면 빚 없이 가진 돈만으로 사업하는 게 유리할까요? 당연히 필사적으로 돈을 빌려야 합니다. 100만 원을 빌려 사업을 하면 10만 원을 법니다. 하지만 은행에 갚아야 할 대출 이자는 3만 원(100만 원의 3%)밖에 안 됩니다. 이자를 갚아도 7만 원(사업으로 번 돈 10만 원 – 은행 이자 3만 원)이 남습니다. 사업을 했을 때의 이익이 은행에 갚아야 하는 이자보다 많다면 돈을 빌리는 것이 훨씬 유리하다는 이야기입니다.

한 단계 더 나가 보죠. 사업을 하던 기업이 갑자기 로또에 당첨돼 수중에 100만 원이 들어왔습니다. 그런데 이 기업은 이미 은행으로부터 100만 원을 빌린 상태죠. 이때 기업은 로또로 얻은 100만 원을 빚 갚는 데 먼저 써야 할까요? 빚을 갚으면 속은 편해지겠지만 경제학적으로는 옳은 선택이 아닙니다. 로또로 번 돈 100만 원도 사업에 투자해야 합니다. 1년이 지나면 100만 원은 10만 원의 이익을 남겨 줄 것이고, 은행 이자는 여전히 3만 원밖에 안 되니까요.

부채에 대한 오해란 바로 이런 것입니다. 부채가 많다고 무조건 나쁘다는 고정관념을 일단 버려야 한다는 이야기죠. 그렇다면 지금부터 본격적으로 자산과 부채에 대해 알아봅시다.

세 번째 기준, 자산

'자산(資産)'이라는 단어를 사전에서 찾아보면 '개인이나 법인이 소유하고 있는 경제적 가치가 있는 유형 또는 무형의 재산'이라고 나와 있습니다. 여기서 중요한 것은 '유형 또는 무형의 재산'이라는 말입니다. 재산이라고 하니 이해되지요? 재산과 자산은 비슷한 말인데, 기업의 회계나 재무 정보를 이야기할 때는 보통 자산이라는 말을 씁니다.

사업을 하기 위해서는 여러 종류의 재산이 필요합니다. 일단 사무실이 있어야겠죠. 기업이 사무실을 구매했다면 이는 기업의 자산이 됩니다. 현금은 어떨까요? 당연히 현금도 자산입니다. 현금으로 기계를 살 수도 있고, 직원들에게 월급을 줄 수도 있죠. 그럼 당연히 기계도 자산이겠군요? 기계가 있어야 공장을 돌릴 테니까요.

그런데 아까 자산의 정의를 '유형 또는 무형의 재산'이라고 했죠? 부동산, 현금, 기계 등은 모두 눈에 보이는 유형의 재산입니다. 그렇다면 무형의 재산이라는 것은 무엇일까요? 눈에 보이지는 않지만 사업을 할 때 재산으로서 가치가 있는 것이 무엇일지 상상해 보세요.

대표적인 무형의 재산으로는 특허가 있습니다. 기업이 오랜 연구 끝에 기발한 기술을 개발했습니다. 그런데 그 기술을 다른 데서 막 훔쳐 쓰면 곤란하겠죠. 그래서 기업들은 이런 기술에 대해 특허를 받습니다. 특허청에서 특허를 인정하면, 기업은 그 기술을 일정 기간 동안 독점적으로 사용할 수 있어요. 만약 이 특허로 인해 사업에서 큰돈을 벌게 된다면 이는 엄연히 회사의 재산이라고 할 수 있습니다. 하지만 그 특허가 얼마짜리인지는 짐작하기 어렵죠. 그래서 기업은 특허가 지니는 잠재적 가치를 계산합니다. "앞으로 이 특허로 약 100억 원을 벌어들일 자신이 있으므로 특허의 자산 가치는 100억 원입니다."라는 식으로 말이죠.

브랜드(상표) 사용 권한도 무형의 재산입니다. 여기 햄버거 장사를 하고 싶어 하는 함박허 씨가 있습니다. 그는 동네에 햄버거 가게를 내고 '맥도날드 햄버거'라는 간판을 붙였습니다. 이게 가능한 일일까요? 절대 안 됩니다. 이런 짓을 했다가는 맥도날드로부터 당장 소송을 당할 겁니다. 맥도날드만의 고유한 브랜드를 도용한 것이기 때문이죠. 단지 가게 이름에 '맥도날드'라는 네 글자만 붙인 것뿐이라 해도 말입니다. 결국 함박허 씨는 '맥도날드 햄버거'라는 브랜드를 쓰기 위해 맥도날드에 브랜드 사용료를 지불해야 합니다. 이처럼 눈에 보이지는 않지만 브랜드도 돈이 되기 때문에 무형의 재산으로 분류됩니다.

좋은 기업은 대부분 풍부한 자산을 가시고 있습니다. 자산이 많은 기업의 주식은 특히 불경기에 강합니다. 경기가 안 좋아 대부분의 기업들이 사업에 고전할 때, 자산이 많은 기업은 챙겨 놓은 재산이 많은 덕에 상대적으로 잘 버틸 수 있습니다. 불경기에 주가가 떨어지는 폭도 훨씬 작죠. 앞서 살펴본 이익이나 매출이 주가가 얼마나 더 오를 것인가를 판단할 때 유용한 반면, 자산은 주가가 얼마나 덜 떨어질 것인가를 판단할 때 유용한 지표가 됩니다.

네 번째 기준, 부채

부채가 꼭 나쁜 것만은 아니지만 그렇다고 부채가 많은 게 좋은 것도 아닙니다. 빚더미에 올라 사업을 하는 게 좋은 일일 리는 없죠. 그래서 '부채 총액이 적절한가'를 잘 따져야 합니다.

이를 구별하기 위해 나온 지표가 '부채 비율'입니다. 과도한 빚은 사업이 어려워졌을 때 기업의 생존을 위협하는 요인이 됩니다. 기업이 한두 해 사업을 잘못하면 그 기업에 돈을 빌려준 은행은 '저 기업이 빌린 돈을 못 갚으면 어쩌지?' 하며 매우 긴장합니다. 그래서 해당 기업에 빚을 빨리 갚으라고 독촉하죠. 이때 빌린 돈을 갚을 여력이 부족하면 기업 문을 닫아야 하는 참사가 벌어집니다.

앞에서 우리는 자산이라는 개념을 배웠죠? 부동산, 현금, 기계, 각종 특허 등이 기업의 자산이라고 했습니다. 기업은 유사시에 이런 자산을 팔아 현금을 마련할 수 있습니다. 그렇다면 자산이 풍부한 기업은 빚을 져도 걱정이 좀 덜하겠네요. 은행이 빚을 갚으라고 독촉하는 극단적인 상황이 오면 최소한 자산을 팔아서라도 빚을 갚을 수 있으니까요.

부채 비율은 회사가 보유한 자산 총액과 부채 총액을 비교한 수치로, '어떤 기업이 빚을 갚을 능력이 충분한가'를 판단하는 기준입니다. 회사의 자산이 100억 원인데 빚이 100억 원이면 부채 비율은 100%가 됩니다. 반면에 회사의 자산은 100억 원인데 빚이 50억 원밖에 안되면 부채 비율은 50%가 되죠. 이런 회사는 빚이 좀 있어도 안전합니다. 그런데 만약 자산이 100억 원인데 빚이 200억 원이라면 좀 위험합니다. 부채 비율이 200%라는 이야기인데, 경영 위기가 닥치면 빚 갚다 회사가 망하는 수가 있으니까요. 그래서 부채 비율은 보통 100% 안쪽이어야 안전합니다. 빚이 자산보다 많으면(부채 비율이 100%보다 높으면) 투자하기에 좀 망설여지는 기업이라고 봐야죠.

그렇다면 우리나라 기업들의 부채 현황은 어떨까요? 우리나라를 대표하는 삼성전자의 부채 비율은 대략 35~40% 정도입니다. 아주 낮은 편이죠. 반면에 대한항공의 경우 부채 비율이 500%가 넘습니다. 이것도 많이 줄어든 겁니다. 한때 대한항공의 부채 비율은 무려 1,000%가 넘었으니까요. 이렇게 되면 해당 기업에 투자하기가 상당히 불안한 겁니다.

알아 두면 쓸모 있는 신기한 주식 이야기

☆강바람은 증권사에 치명적이다?

서울 영등포구에 속한 여의도는 한강 가운데 있는 섬으로, 강바람이 상당히 거센 지역입니다. 이곳은 우리나라 증권계의 본토와도 같은 곳입니다. 우리나라의 주식거래를 총괄하는 한국거래소뿐만 아니라 증권사의 본사가 이곳에 있어 '한국의 월 스트리트'라고도 불리죠. 한편 여의도는 국회의사당이 위치하고 있어 정치의 중심이라고도 불립니다. 한때는 방송의 중심이기도 했습니다. 지금은 많은 방송사가 다른 곳으로 옮겨 갔지만 과거에는 SBS와 MBC 등 초대형 방송국들이 여의도에 있었습니다.

여기서 재미있는 사실이 하나 있습니다. 현재 국내 대부분의 증권사 본사가 여의도에 있는데, 최대 증권사 중 하나인 삼성증권의 본사는 여의도에 없다는 사실입니다. 한때 그 이유가 풍수지리 때문이라는 소문이 자자했습니다. "여의도가 물 위에 있는 모래섬인 데다, 유난히 강바람이 세서 방송국이나 정당처럼 기가 센 곳은 몰라도, 기가 약하고 돈이 차곡차곡 쌓여야 하는 금융회사들이 자리하기엔 부적절하다." 물론 믿거나 말거나지만요.

실제로 여의도에서 가장 강바람이 센 여의도 공원 인근에 위치했던 수많은 증권사들이 망한 역사가 있습니다. LG증권, 고려증권, 쌍용증권 등이 그 예죠. 이 모든 것이 거센 강바람 탓이라고 풍수지리 전문가들은 주장했습니다. 물론 회사 자체의 경영 실패가 더 큰 문제였을 수도 있습니다. 1997년 IMF 외환 위기와 2008년 전 세계적 금융 위기도 무시할 수 없고요. 그런데 이런 사례가 자꾸 겹치다 보니 여의도의 터가 좋지 않다는 이야기가 나오는 거죠.

한편 강바람을 피해 본사를 여의도 밖에 둔 삼성증권은 한 번도 망한 적이 없습니다. 그래서인지 삼성증권은 그 후로 더욱 풍수지리에 신경 쓰는 모습을 보였죠. 과거 삼성증권 본사가 위치했던 종로타워는 재미있는 모양을 하고 있습니다. 밖에서 보면 건물 상층부가 뻥 뚫려 있거든요. 증권업계에서는 그 땅에 재앙의 기운이 워낙 강해서 나쁜 기운을 빼내기 위해 삼성이 설계 당시부터 건물에 구멍을 뚫은 것이라는 이야기가 심심찮게 나온답니다.

"아니, 지금이 어떤 시대인데 이런 걸 따지지?" 하며 증권가의 풍수지리 속설을 황당하게 여길지도 모르겠습니다. 그런데 증권업 자체가 기복이 심하고 부침이 많다 보니, 풍수 이야깃거리가 이렇게 많은 것 아닐까요? 혹시 모를 악재나 불운에 대처하기 위해 과학적으로 증명되지 않는 속설조차도 가볍게 넘기지 못하는 거죠.

판단을 도와주는 대표적 지표 1

- 주가수익비율(PER) -

'싸다'는 말의 기준은 무엇일까

자, 다시 한번 큰 소리로 외치고 시작합시다.

"주식은 비싼 게 아니라 싼 게 더 좋은 거다!"

지금부터는 이 '싸다'는 말을 수학적으로 분석해 보려고 합니다.

"수학이라고요?"라며 놀라는 독자 여러분의 어리둥절한 표정이 눈에 선하군요. 하지만 너무 걱정하지 마세요. 수학은 수학인데, 그렇게 어렵지 않습니다. 초등학교에서 배우는 나누기 정도만 등장하니까요.

다만 이 개념을 매우 어려워하는 분들이 많습니다. 그런데 그건 수학이 어려워서가 아니라 대부분 주가에 대한 기본 개념이 안 잡혀 있기 때문입니다. 따라서 이번 장과 다음 장에서는 주가에 대한 기본 개념을 계속 머리에 되새겨야 합니다. 그게 바로 "주식은 비싼 게 아니라 싼 게 더 좋은 거다!"라는 점입니다. 이 사실만 염두에 두고 따라가면, 모든 독자들이 주가수익비율(PER, Price Earning Ratio)과 주가순자산비율(PBR, Price Book-value Ratio)이라는 두 개념을 완벽히 이해하시리라 믿습니다.

'주식이 싸다'는 말은 단순히 가격이 낮다는 이야기가 아니라고 배웠습니다. 즉 싸다는 것은 가치에 비해 싸야 싼 겁니다. 풍선껌 한 통이 5만 원이고 자동차 한 대가 160만 원이면, 얼핏 가격만 보면 풍선껌이 자동차보다 싸지만 아무도 5만 원짜리 풍선껌을 "와, 진짜 싸다."라고 말하지 않습니다. 되레 고작 160만 원밖에 안 하는 자동차가 싼 거죠.

그렇다면 중요한 것은 '그 물건의 가치'를 어떻게 측정해야 하느냐는 것입니다. 자동차는 딱 봐도 가치가 160만 원을 훌쩍 넘죠. 풍선껌은 아무리 봐도 5만 원의 가치를 가질 수 없습니다.

주식도 이런 식으로 보는데, 이게 좀 어렵습니다. 주식은 자동차처럼 그 가치가 눈에 딱 보이지 않거든요. 삼성전자가 좋은 회사처럼 보이긴 하는데, 도대체 얼마나 좋은 회사인지 가치를 잘 모릅니다. 게다가 삼성전자 주가가 만약 5만 원이라면, 이 가격이 가치에 비해 싼 건지 비싼 건지도 알기 어렵죠.

PER을 계산해 보자

그래서 등장한 개념이 주가수익비율입니다. 영어로는 PER이라고 씁니다. 영어까지 소개하는 이유는 실제 증시에서 주가수익비율이라는 한글보다 PER이라는 영어를 훨씬 많이 쓰기 때문입니다. 영어로 '피이알'이라고 읽기도 하고, 또 발음대로 '퍼'라고 읽기도 합니다. 어떤 사람은 맨 뒷글자인 R을 빼고 그냥 '피이(PE)'라고도 부릅니다. 어떻게 부르든 이 모든 용어들이 다 주가수익비율을 뜻합니다.

그렇다면 이게 무엇일까요? 말 그대로 '주가'와 '수익'의 비율입니다. 영어로 'Price Earning Ratio'라고 쓰는데, Price가 주가이고, Earning이 수익, Ratio가 비율이라는 뜻입니다. 그렇다면 어떻게 이 수치를 산출할까요? 일단 주가는 알기 쉽습니다. 매일 시장에서 주가가 형성되니까요. 문제는 수익입니다. 수익은 우리가 앞에서 배웠던 순이익을 사용합니다. 그 회사가 1년 동안 온전히 벌어들인 돈이죠. 문제는 주가는 고작 주식 한 주의 가격인 반면, 수익은 그 회사 전체가 번 돈이라는 데 있습니다. 이러면 제대로 된 PER을 구할 수 없습니다.

그래서 수익도 '주식 한 주당 수익'을 따로 구합니다. 주가도 주식 한 주당 가격이니, 수익도 그것에 맞추는 겁니다. 예를 들어 1년 동안 그 회사가 벌어들인 순이익이 1억 원이라고 합시다. 그런데 이 회사가 발행한 주식이 1만 주입니다. 그러면 주식 한 주당 수익은 1억 원을 1만 주로 나눈 값(1억 원÷1만 주=1만 원), 즉 1만 원이 됩니다. 이게 바로 주식 한 주당 수익입니다.

여기까지 하고 이제 PER을 구해 보죠. 이 회사 주가가 10만 원이라고 해 봅시다. PER은 주가와 수익의 비율이므로 구하는 공식이 '주가÷수익'('주가/수익')입니다. 즉 이 회사의 PER은 다음과 같이 계산됩니다.

$$\text{PER} = \frac{\text{주가}}{\text{수익}} = \frac{100{,}000}{10{,}000} = 10$$

즉 이 회사의 PER은 10이라는 이야기입니다.

PER이 얼마여야 싼 주식일까

"알겠어요. 알겠는데, 그래서 이 숫자가 뭘 의미하나요?"라고 당연히 화를 낼 수 있습니다. 지금부터 그 의미를 알아보죠. 누차 강조하지만 주식은 가치에 비해 싼 게 좋은 주식입니다.

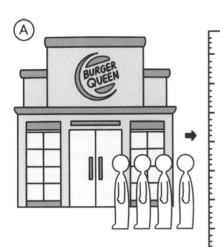

주가: 20,000원
주당 순이익: 2,000원
PER: 20,000/2,000=10

주가: 15,000원
주당 순이익: 1,000원
PER: 15,000/1,000=15

PER

그리고 수익은 그 회사의 대표적인 가치입니다. 돈을 많이 버는 회사일수록 가치가 높을 테니까요. PER은 바로 주식의 가치(수익)에 비해 가격(주가)이 몇 배 정도 높게 형성돼 있느냐를 보는 수치입니다. 앞에서 본 것처럼 PER이 10이라면, 주식 가치에 비해 주가가 10배쯤 높은 곳에서 형성되어 있다는 뜻입니다.

여기서 중요한 것은 다른 회사와의 비교입니다. PER이 10배라는 게 싼 건지 비싼 건지 잘 모르니까 다른 회사와 비교해 보는 거죠. 2020년 기준으로 우리나라 증시에 상장된 전체 주식의 평균 PER을 내 보면 대략 20배가 나옵니다. 즉 우리나라 주식이라면 평균적으로 주가가 수익의 20배쯤은 돼야 정상이라는 뜻이죠.

그렇다면 PER이 10인 회사는 싼 걸까요, 비싼 걸까요? 싼 겁니다. 우리나라 평균에도 훨씬 못 미친다는 뜻이니까요. 그렇다면 이 주식은 좋은 걸까요, 나쁜 걸까요? 단순히 말하면 좋은 겁니다. 다른 주식 주가는 수익에 비해 20배쯤 높게 형성돼 있는데, 어떤 이유에서인지는 몰라도 이 녀석 주가만 수익의 10배에 머물러 있으니 일단 싸잖아요. 이 주식은 남들(평균)만큼만 관심을 더 받는다면 PER이 최소 20배는 돼야 하고, 그 말은 주가가 두 배는 더 오를 여력이 있다는 뜻입니다.

포털 사이트건 어디에서건 주가를 검색해 보면 꼭 이 PER이 나옵니다. 우리는 PER을 보고 그 종목의 주가가 싼지 비싼지 대략 알아챌 수 있죠. 예를 들어 2021년 2월 삼성전자를 검색해 보면 주가가 대략

8만 4,000원 선에서 거래됐습니다. 그런데 이 수치로는 삼성전자 주식이 싼지 비싼지 전혀 감을 잡을 수 없습니다. 이때 바로 옆에 나와 있는 PER을 보면 됩니다. 2021년 2월 기준으로 삼성전자 PER은 대략 20배 정도로 나옵니다. 이 정도면 특별히 싸지도 않고 비싸지도 않은 수준이라고 볼 수 있습니다. 한국 증시의 평균 PER이 20배 정도이고 삼성전자는 그와 비슷한 상태니까요.

반면에 이 시기 농심의 주가는 30만 원 선이었습니다. "와, 농심(30만 원)이 삼성전자(8만 4,000원)보다 세 배 이상 비싸네."라고 이야기해서는 안 됩니다! 진짜 농심이 비싼지 싼지 확인하기 위해서는 주가가 아니라 농심의 PER을 봐야죠. 2021년 2월 기준으로 농심의 PER은 13배쯤 나옵니다. 이 정도면 싼 편이죠. 한국을 대표하는 식품 기업의 주가가 한국 증시의 평균 PER(21배)에도 못 미친다는 뜻이니까요. 이제 대충 PER을 어떻게 활용해야 할지 감이 오시나요?

참고로 코로나 사태 이전 한국 증시의 평균 PER은 다른 나라 증시에 비해 매우 낮았습니다. 당시 선진국 증시의 PER은 대략 25배쯤 됐고 심지어 아시아 주요 국가 증시의 PER도 20~23배쯤은 됐습니다. 그런데 한국 증시 PER은 12~14배로 낮게 형성됐죠. 왜 그랬을까요? 우리가 다른 선진국이나 아시아 국가에 비해 못한 게 뭐란 말입니까!

이런 현상을 코리아 디스카운트(Korea discount)라고 부릅니다. 한국 증시가 세계 평균에 비해 현저하게 쌌다는 뜻이죠. 좀 억울하긴 한데, 이게 당시의 현실이었습니다. 전문가들은 코리아 디스카운트의 이유로 두 가지를 꼽았습니다. 첫 번째는 남북 분단으로 전쟁의 위험이 늘 존재한다는 점, 그리고 두 번째는 한국 기업들이 비정상적으로 3대, 4대 세습을 하는 바람에 기업이 투명하지 않다는 점이었죠. 어떤 이유로든 한국 증시가 오랫동안 좀 싸구려 취급을 받았던 게 현실입니다.

하지만 2020년 후반 한국 증시가 세계에서도 돋보일 정도로 크게 상승하면서 우리나라 증시의 PER도 다른 나라에 비해 부끄럽지 않은 수준인 20배에 도달했습니다. 물론 주가라는 것이 계속 변하기 때문에 코리아 디스카운트가 완전히 해소됐다고는 말하기 어렵지만, 그래도 과거처럼 싸구려 취급은 받지 않는 모습입니다. 앞으로도 한국 증시가 계속 선전해서 오랫동안 발목을 잡았던 코리아 디스카운트로부터 벗어났으면 하는 바람입니다.

알.쓸.신.주. 알아 두면 쓸모 있는 신기한 주식 이야기

☆재미있는 기업 이름의 기원

상장 기업들을 쭉 살펴보면 현대, 삼성, SK, 롯데, LG, GS, CJ 등 한국을 대표하는 그룹의 이름이 많이 보입니다. 그런데 이런 이름의 유래를 살펴보면 꽤 재미있습니다.

말 그대로 '최신'이라는 뜻의 현대는 이름의 연원을 짐작하기 어렵지 않습니다. 그냥 최신이라는 이미지를 주기 위해 붙인 이름이죠.

그런데 '별이 세 개'라는 뜻의 삼성은 '왜 하필이면 별이 세 개야?'라는 생각이 듭니다. 이에 대해 삼성 창업주 이병철은 "한국인이 가장 좋아하는 숫자 3(三)과, 밝고 높고 영원한 것을 의미하는 별 성(星)을 조합해 만들었다"고 밝혔습니다. 그런데 한국인이 가장 좋아하는 숫자가 진짜로 3인가요? 아무튼 창업자가 그렇게 생각했다니 그런 취지로 이해하면 됩니다.

롯데는 이유가 매우 특이합니다. 창업주 신격호가 젊은 시절 독일의 대문호인 괴테의 소설 『젊은 베르테르의 슬픔』을 매우 좋아했답니다. 이 소설의 여주인공 이름이 '샤롯데'였는데, 롯데라는 이름은 바로 여기서 따온 것이라고 하네요.

SK는 '선경'의 약자입니다. 원래 이 회사는 선경직물이라는 작은 방직 회사에서 출발했거든요. 그렇다면 선경직물은 무슨 뜻이었을까요? 이 회사는 일제강점기 일본인이 운영하던 선만주단과 경도직물

두 회사가 합쳐진 기업입니다. 즉 선경은 무슨 특별한 뜻이 있는 게 아니라 그냥 두 회사의 앞 글자만 딴 것입니다.

LG는 락희와 골드스타의 합성어입니다. '락희'는 영어 lucky(행운의)라는 단어의 1940~1950년대 한국식 발음이었죠. 1947년 락희화학공업사라는 회사를 설립한 LG는 6·25 전쟁 이후 치약을 만들어서 빅히트를 쳤습니다. 또 락희화학과 함께 그룹을 이끈 주력이 LG전자의 전신인 금성사라는 가전 회사였습니다. 금성사는 삼성전자보다도 먼저 라디오 등 가전제품을 만들었죠. 그룹의 두 주축이었던 락희(Lucky)와 금성(Gold Star)의 앞 글자가 오늘날 LG의 뿌리입니다.

GS는 원래 LG그룹 소속이었다가 분리된 그룹입니다. 그래서 분리된 회사가 GS라는 이름을 사용했을 때 사람들은 '옛 금성(Gold Star)의 전통을 복원한 것이 아닌가?' 하고 생각했는데 GS측은 이를 부인했습니다. "그러면 GS가 무슨 뜻입니까?"라고 물어도 GS쪽에서는 뾰족한 답을 내놓지 않았습니다. 그래서 가수 싸이의 명곡 〈강남 스타일〉이 유행했을 때 "GS는 강남 스타일(Gangnam Style)의 약자"라는 농담이 나돌았죠.

CJ는 제일제당(Cheil Jedang)의 약자입니다. 이 회사가 요즘은 영화도 만들고 케이블 채널도 운영하는 등 문화 분야 회사로 유명하지만, 원래는 설탕 만드는 회사였습니다. 회사의 모태가 제일제당이니 그 앞 글자를 따서 그룹 이름을 CJ라고 쓰는 중입니다.

판단을 도와주는 대표적 지표 2

- 주가순자산비율(PBR) -

PBR의 의미

이번 장의 주제는 PBR입니다. 앞 장에서 공부한 PER이 이해됐다면 PBR은 훨씬 쉽게 내 것으로 소화할 수 있을 겁니다. 지난 장과 마찬가지로 사칙연산 수준의 수학이 등장하지만, 두려워하지 말고 앞으로 나아갑시다!

PER은 '주가'와 '수익'을 비교해 주식이 싼지 비싼지를 판단하는 지표였지요? PBR도 비슷합니다. '주가'와 '자산'을 비교해 주식이 싼지 비싼지를 판단하는 지표죠.

우리는 앞에서 좋은 기업을 판단하는 기준으로 ①매출과 이익, ②자산과 부채를 배웠습니다. PER이 ①매출과 이익 중 '이익'을 기준으로 만든 지표라면 이번 장의 주인공 PBR은 ②자산과 부채 중 '자산'을 기준으로 만든 지표입니다. 자산은 말 그대로 기업이 보유한 재산입니다. 부동산, 현금, 기계 등이 모두 회사의 자산이죠. 자산이 많을수록 더 좋은 기업이라는 점은 두말하면 잔소리입니다.

PBR은 영어로 'Price Book-value Ratio'라고 적습니다. Price가 주가이고, Book-value가 자산, Ratio가 비율입니다. 가운데만 빼고 PER과 단어 구성이 똑같군요! 주가는 PER에서도 설명했던 그 주가, 즉 매일 증시에서 형성되는 종목의 가격입니다. 그렇다면 문제는 자산이군요.

자산을 구할 때 주의할 점이 있습니다. 기업의 회계장부에는 회사가 보유한 부동산이나 현금 등 돈이 되는 것은 모조리 자산으로 기록돼 있습니다. 그런데 이것들 전부를 "우리 회사의 자산"이라고 주장하면 좀 곤란합니다. 왜냐하면 회사가 보유한 재산 중에는 빚을 내서 산 것도 있기 때문입니다.

앞에서도 배웠지만 대부분의 회사들은 빚(부채)을 지고 삽니다. 장부에 기록된 자산이 100억 원인데, 빚도 100억 원이면 좀 곤란하죠. 빚은 언젠가 갚아야 하기 때문입니다. 이런 회사는 자산을 탈탈 털어 빚을 다 갚으면 실제 회사가 보유한 순수한 자산은 '0원'으로 떨어집니다. 그래서 PBR을 계산할 때는 그냥 자산이 아니라 '순자산'이라는 개념을 사용합니다. 회사가 보유한 전체 재산에서 빚을 빼 버리는 겁니다. 그리고 남는 돈만 순수하게 그 회사의 재산으로 인정합니다.

PBR을 구해 보자

여기까지 이해가 됐다면 이제 PBR을 구해 보겠습니다. 앞 장과 마찬가지로 어떤 회사 주가가 10만 원이라고 해 봅시다. 주가는 '주식 한 주당 가격'이므로 순자산도 '주식 한 주당 순자산'으로 계산해야 합니다. 이게 이해가 안 된다면 조금도 주저하지 말고 앞 장으로 돌아가 PER 파트를 다시 읽고 돌아옵시다!

이 회사의 순자산(빚을 뺀 자산)은 10억 원이라고 가정합시다. 그런데 이 회사가 발행한 주식은 1만 주입니다. 그러면 주식 한 주당 순자산은 10억 원을 1만 주로 나눈 값(10억 원÷1만 주=10만 원), 즉 10만 원이 됩니다. 이게 바로 주식 한 주당 순자산입니다.

PBR은 주가와 순자산의 비율이므로 구하는 공식이 '주가÷순자산'('주가/순자산')입니다. 즉 이 회사의 PBR은 다음과 같이 계산됩니다.

$$PBR = \frac{주가}{자산} = \frac{100,000}{100,000} = 1$$

즉 이 회사의 PBR은 1이라는 이야기입니다.

PBR이 얼마여야 싼 주식일까

PER에서도 설명했지만 주식은 기업 가치에 비해 싼 게 좋은 겁니다. 따라서 PBR도 당연히 수치가 낮을수록 좋습니다. 보유한 자산에 비해 주가가 아직 낮게 형성됐다는 뜻이니까요.

문제는 PBR이 도대체 얼마여야 싸다고 판단할 수 있느냐는 점입니다. PER에서는 '다른 회사와의 비교'가 매우 중요하다고 말씀드렸죠? 그런데 PBR은 좀 다릅니다. 다른 회사와 굳이 비교를 할 필요가 없습니다. '싸다'와 '비싸다'의 기준이 '1'로 정해져 있기 때문입니다. 간단히 말해 PBR이 1보다 크면 현재 주가가 회사의 보유 순자산에 비해 비싸게 형성된 상태입니다. 반면에 PBR이 1보다 작으면 현재 주가가 회사의 보유 순자산에 비해 싸게 형성된 것으로 봅니다.

왜 그럴까요? 이유는 주가란 이론적으로 그 회사가 가진 순자산의 가치와 일치해야 하기 때문입니다. 예를 들어 그 회사의 전 재산이 10억 원이라면(빚을 뺀 순자산을 뜻합니다), 그 회사 주주들의 전체 재산도 10억 원이어야 마땅합니다. 주주가 회사의 주인인데, 회사의 재산이 10억 원이면 그건 몽땅 주주들의 것이기 때문입니다. 따라서 당연히 주주들이 가진 주식의 가치도 10억 원이어야 하죠. 회사의 순자산이 10억 원, 주식의 총 가치도 10억 원이라면 PBR은 1로 잡힙니다. 이게 가장 정상적인 상태라는 이야기죠.

그런데 어떤 이유로 회사의 전 재산은 10억 원뿐인데 주식의 총 가치는 20억 원으로 높게 형성되는 일이 있습니다. 이때 PBR은 2로 잡힙니다. 이런 경우는 투자자들이 "이 회사의 전 재산은 10억 원밖에 안 되지만 워낙 미래가 밝아서 조금만 기다리면 돈을 많이 벌 거야. 즉 순자산의 가치가 곧 20억 원, 아니 그 이상으로 늘어나겠지."라고 판단했기 때문입니다.

반면에 회사의 전 재산이 10억 원인데 주식의 총 가치는 5억 원밖에 안 되는 경우도 있습니다. 이때 PBR은 0.5밖에 안 되겠죠. 이건 사실 이론적으로 말이 안 되게 싼 겁니다. 그 회사 전 재산은 전부 주주들의 몫입니다. 주식의 가치도 당연히 10억 원이 돼야 합니다. 그런데도 5억 원밖에 안 되는 이유는 시장에서 투자자들이 "이 회사는 사업 전망이 어두워서 시간이 지나면 재산을 까먹을 것 같아."라고 판단했기 때문입니다.

성장주와 가치주의 차이

우리는 앞에서 성장주와 가치주의 차이를 배웠습니다. 성장주는 지금 가진 것은 별로 없지만 미래가 기대되는 주식이고, 가치주는 당장 회사가 보유한 재산도 많고 배당도 많이 주는 주식을 뜻한다고 이해했죠.

그렇다면 퀴즈를 하나 내 보겠습니다. 성장주들의 PBR은 1보다 클까요, 작을까요? 대부분 성장주들은 PBR이 1을 훌쩍 넘습니다. 현재 회사가 가진 재산은 보잘것없지만 투자자들이 회사의 미래를 높게 평가하는 바람에 주가가 비싸게 형성되는 것이 성장주의 특징이기 때문입니다.

예를 들어 한국을 대표하는 성장주 카카오를 봅시다. PBR 기준으로 1을 넘기면 비싼 겁니다. 그리고 2를 넘어가면 "살짝 비싸다"는 평가를 받습니다. 3을 넘어가면 "와, 너무 비싸다" 소리를 듣습니다. 그런데 2021년 3월 기준으로 카카오의 PBR은 무려 6을 넘습니다. 회사의 전 재산 가치보다 주식의 가치가 여섯 배나 된다는 뜻입니다. 그만큼 투자자들은 카카오의 미래를 밝게 보고 있다는 이야기겠죠.

같은 시기 한국을 대표하는 주식 삼성전자의 PBR은 2 정도로 나옵니다. 이것도 싼 건 아닙니다. 어쨌든 1을 넘어갔으니까요. 다만 2 정도면 1에서 크게 벗어난 선은 아니니 이걸 가지고 많이 "비싸다"고까지 이야기하지는 않습니다. 삼성전자는 미래가 밝은 성장주이지만, 지금까지 사업을 잘해서 벌어 둔 전 재산도 충분하기 때문에 이 정도 수치가 나왔습니다.

반면에 같은 시기 현대차의 PBR은 1에도 못 미칩니다. 이 회사는 공장도 많고, 땅도 많고, 현금도 많은데(순자산이 엄청나거든요) 주가의 총합은 회사 전 재산의 절반도 안 됩니다. 투자자들이 뭔가 현대자동차의 미래를 밝게 보지 않는다는 뜻이겠죠. 하지만 어쨌든 보유한 재산에 비해 주가는 매우 싸게 형성돼 있습니다.

정리해 보겠습니다. PBR이 1보다 크면 비싸고, 1보다 작으면 쌉니다. 다만 PBR이 1보다 작은 주식들은 투자자들이 그 회사의 미래를 좀 비관적으로 보고 있다는 뜻이기도 합니다. 따라서 PBR이 1보다 작다고 "와, 싸다." 하고 덜컥 주식을 사는 것은 곤란합니다. PER 등 다른 지표와 함께 회사의 사업 전망 등을 꼼꼼히 살펴야 한다는 이야기입니다.

알아 두면 쓸모 있는 신기한 주식 이야기

☆월 스트리트에는 진짜로 벽(wall)이 있었다

'월 스트리트(Wall Street)'는 미국 뉴욕 맨해튼 남부에 위치한 거리를 가리킵니다. 우리나라에서는 스트리트라는 영어 대신 한자로 '길'을 뜻하는 '가(街)'를 붙여서 '월가'라고 부르기도 하죠.

이곳은 그냥 단순한 거리가 아닙니다. 세계적인 금융회사들의 본사가 모여 있는 명실상부한 세계 금융의 중심지입니다. 그래서 '월 스트리트'는 강남구 대치동처럼 단순한 지역 이름이 아니라, '증권과 금융의 중심지'라는 상징적인 뜻으로 더 많이 사용됩니다.

그런데 이 거리의 이름에 '벽(wall)'이라는 단어가 들어간 것이 눈에 띕니다. 우리말로 하면 '벽의 거리'라는 뜻인데, 이런 이름이 붙은 이유는 과거 이곳에 성벽이 있었기 때문입니다.* 당연한 말이지만 지금의 뉴욕은 원래 아메리카 원주민의 땅이었습니다. 참고로 미국인들은 아메리카 원주민을 인디언(Indian)이라고 부르는데 이건 좀 웃깁니다. 아메리카에 처음 발을 들인 유럽인 크리스토퍼 콜럼버스 Christopher Columbus, 1451~1506는 그곳이 인도인 줄 알았죠. 인도와 아무 상관이 없는 아메리카 원주민들에게 '인디언', 즉 '인도 사람'이라는 황당한 이름이 붙은 이유가 이겁니다.

아무튼 17세기 네덜란드 사람들이 지금의 뉴욕을 점령해 이곳을 뉴 암스테르담(New Amsterdam)이라고 불렀습니다. 당연히 아메리카 원주민들이 반발했죠. 원주민은 이곳을 되찾기 위해 계속 네덜란드인을 공격했습니다. 게다가 이 지역을 탐낸 영국인까지 이 전투에 끼어들었습니다.

네덜란드인은 이 지역을 지키기 위해 뉴암스테르담 외곽에 나무로 방어벽을 쌓기 시작했죠. 바로 이 성벽이 월 스트리트의 기원입니다. 하지만 영국은 1664년 기어코 이곳을 점령했습니다. 새 영토의 주인이 된 영국 왕 찰스 2세는 동생 요크(York) 공작에게 이곳을 하사했고, 이 도시를 '새로운 요크(York)'라는 뜻으로 뉴욕(New York)이라고 불렀죠. 영국인들은 뉴욕을 점령하자마자 네덜란드인들이 쌓은 나무 성벽을 모조리 철거해 버렸습니다. 이후 이곳은 오랫동안 소와 돼지를 사고파는 축산 시장으로 이용되다가, 18세기 후반 주식을 사고팔 수 있는 증권거래소가 세워지면서 미국 금융의 중심지로 발돋움했답니다.

★　옛날 이곳에서 가축을 키우는 농부들이 가축이 달아나지 못하도록 쳐 놓은 울타리에서 유래한 이름이라는 이야기도 있다.

주식시장의
어두운
그림자
파헤치기

작전 세력은
무슨 작전을 꾸미는 걸까

- 작전 세력의 음모 -

보물선을 향한 허황된 꿈

2018년 7월, '신일그룹'이라는 회사가 러일전쟁이 한창이던 1905년 일본 군함의 공격을 받고 동해에 침몰한 러시아 함선 돈스코이호를 발견했다고 발표해 온 나라가 들썩였습니다. 이 뉴스가 왜 화제가 됐냐면, 침몰 당시 돈스코이호에 50조~150조 원의 가치를 지닌 막대한 양의 금화 및 금괴 200톤이 실려 있었다는 이야기가 나돌았기 때문입니다. 이게 사실이라면 돈스코이호는 말 그대로 보물선입니다. 그동안 영화에서나 볼 수 있었던 보물선을 현실에서 찾게 된 걸까요? 저는 "그럴 가능성은 매우 낮습니다."라고 답하고 싶습니다. 왜냐하면 돈스코이호를 소재로 한 보물선 사기극이 과거에도 몇 차례 벌어졌거든요.

'동아건설'이라는 회사가 있었습니다. 한때 리비아의 대수로 공사를 이끌며 세계적인 건설업체로 성장했지만, 결국 2001년 5월 망해버린 비운의 기업이죠. 그런데 동아건설이 망하기 직전인 2000년 12월, 우리나라 증시 역사상 최고의 코미디로 기억될 만한 '보물선 파동'이 벌어집니다.

당시 동아건설의 경영 상태는 극도로 악화됐고, 주가는 고작 300원에 머물러 있었습니다. 그런데 12월 초, 동아건설이 동해에서 돈스코이호를 발견했다는 꿈같은 소식이 전해집니다. 배에 실린 50조~150조 원 상당의 황금 중 5조 원만 챙겨도 동아건설은 완벽하게 재기할 거라는 소문이 나돌았죠.

이에 300원이던 주가가 며칠 만에 1,000원을 넘어서며 폭등했습니다. 해양수산부가 부랴부랴 "동아건설이 발견했다는 물체가 돈스코이호인지는 고사하고 배인지조차 잘 모르겠다."라며 경고했지만 한번

불이 붙은 수가 상승세는 멈추지 않았습니다. 동아건설은 장장 17일 연속 상한가를 기록하며 주가 3,000원 선마저 넘어섰죠. 딱 17일 만에 주가가 열 배 이상 폭등한 겁니다. 그래서 보물선이 발견됐냐고요? 에 이, 그럴 리가요. 결국 보물선은 발견되지 않았고 동아건설 주가는 다시 폭락했습니다. 이후 동아건설은 주가가 30원까지 떨어진 채 증시에서 퇴출되고 맙니다.

2018년 신일그룹이 돈스코이호를 발견했다고 발표한 이후 경찰이 수사에 나섰습니다. 수사 결과 돈스코이호에 금괴가 있다는 이들의 주장은 근거가 없고, 신일그룹은 이 배를 인양할 의사나 능력도 없었던 것으로 확인됐습니다. 그런데도 이들은 돈스코이호를 인양하겠다며 투자자를 끌어모아 '신일골드코인'이라는 가짜 암호화폐를 판매했습니다. 사기의 규모도 어마어마합니다. 무려 2,600여 명에게서 89억 원을 뜯어냈거든요. 어처구니없게도, 그들이 판매한 신일골드코인은 암호화폐 기술이 적용되지 않은 사이버 머니 수준의 포인트라는 사실이 드러났습니다. 수천 명의 피해자들에게 수십억 원을 가로챈 '150조 원 보물선' 사기극은 이렇게 끝났습니다.

증시의 악마, 작전 세력

우리는 지난 1교시부터 3교시까지, 주식이란 무엇이고 주식 투자가 어떤 의미를 갖는지 살펴봤습니다. 마지막으로 이번 4교시의 첫 번

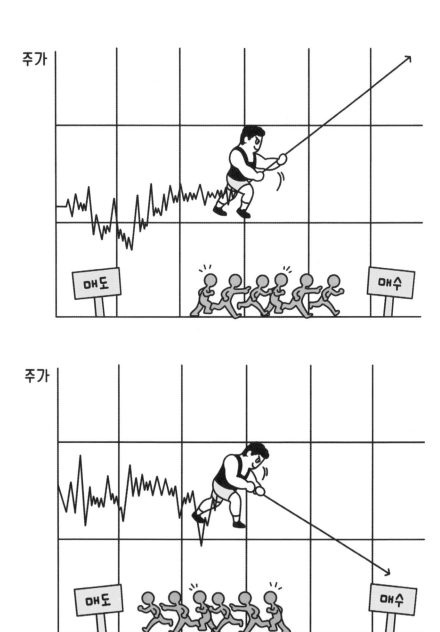

째 장에서는 주식 투자를 할 때 가장 주의해야 할 섬 한 가지를 이야기하려고 합니다. 바로 '주식 투자는 절대 일확천금을 노리는 도박이어서는 안 된다'는 것입니다. 탐욕이 발목을 잡으면 전 재산을 날리는 일도 한순간이거든요.

왜 일확천금을 노리는 투기가 위험하냐고요? 증시에는 그런 눈먼 투자자들의 돈만 전문적으로 노리는 집단이 있기 때문입니다. 증시에서는 이들을 '작전 세력'이라고 부릅니다. 작전 세력은 '주가를 인위적으로 조작하는 자들'을 뜻합니다. 주가 역시 수요가 많으면 오르게 마련입니다. 이 말은 돈만 충분히 있으면 물량을 다 사들여 누구나 얼마든지 주가를 마음대로 끌어올릴 수 있다는 뜻입니다. 특히 거래량이 많지 않은 작은 종목일수록 주가를 끌어올리기가 더 쉽습니다.

작전 세력은 이런 종목에 기생합니다. 이들은 주가를 올리기 쉬운 종목을 하나 찜해 놓고 사람들에게 거짓 정보를 흘립니다. 이를테면 '동아건설이 보물선을 발견했다'는 식으로 말이죠. 그리고 동시에 자금력을 동원해 맹렬히 주식을 사들여 주가를 끌어올립니다.

주가가 2~3일 상한가를 기록하면 이 종목은 단번에 증시에서 주목을 받습니다. 이때 사람들이 하나둘 몰려들며 욕심을 부리기 시작합니다. "와, 저 종목의 주식을 사서 상한가를 기록하면 하루 만에 원금의 30%를 벌 수 있어!"라며 유혹에 이끌리죠. 이런 투자자들이 불나방처럼 주식을 사겠다고 달려듭니다. 사겠다는 사람이 폭증하니 주가는 계속 오릅니다. 동아건설 주가가 17일 연속 상한가를 기록한 이유가 바로 이런 겁니다.

하지만 이 사기극이 끝까지 유지될 수는 없습니다. 어느 시점이 되면 작전 세력은 주식을 삽시간에 팔아 치우고 증시를 떠나죠. 애초에 보물선 따위는 발견되지 않았다는 진실도 밝혀집니다. 이때가 되면 이미 늦습니다. 작전에 걸린 순진한 개미들은 한시라도 빨리 주식을 팔아 손실을 줄이려고 애쓰지만, 그 주식이 단 한 주도 쉽게 팔리지 않는다는 게 문제입니다. 사려는 사람이 없다면 주가가 매일 하한가를 기록해도 팔 도리가 없는 거죠. 3,000원까지 폭등했던 동아건설 주가가 몇 개월 만에 100분의 1 수준인 30원으로 폭락한 이유가 여기에 있습니다.

도박이 아닌 투자를 해야 한다

"에이, 누가 멍청하게 그런 작전에 걸리나요?"라고 쉽게 말하지 마세요. 이런 일은 증시에서 매우 자주 일어납니다. 1987년에는 이런 일도 있었습니다. 당시 우리나라는 사회주의 국가인 중국과 처음으로 외교 관계를 맺고 만리장성을 수리하는 공사에 참여하기로 했습니다. 그런데 '대한알루미늄'이라는 회사가 만리장성 공사에 사용될 알루미늄 새시를 공급하기로 했다는 소문이 돌면서 이 회사 주가가 연일 상한가를 기록했습니다. 뭐, 여기까지는 그럴 수 있습니다.

그런데 뒤이어 고무신 제조업체 '태화'가 공사에 동원되는 인부들의 신발을 납품한다는 소문과 함께 주가가 급등했습니다. 아무리 30년 전이라고 해도, 공사를 하는 노동자들이 고무신을 신는다는 게 말이 됩니까?

헛소문은 여기서 끝나지 않았습니다. 이후 공사에 참여하는 인부들의 간식으로 호빵이 결정됐다는 소문과 함께 '삼립식품'의 주가가 폭등했습니다. 마지막으로 인부들이 호빵을 먹다가 체하면 소화제로 훼스탈이 공급된다는 소문과 함께 '한독약품'이 상한가 대열에 합류했죠. 지금 생각하면 기가 막힌 일인데, 이런 일이 실제로 증시에서는 벌어집니다.

이런 헛소문은 전부 주식을 미리 사 둔 작전 세력의 소행입니다. 하지만 너무나 뻔해 보이는 헛소문이 먹히는 이유는 '나도 저기에 합류하면 단기간에 큰돈을 벌 수 있겠다'고 생각하는 사람들의 탐욕 때문입니다.

『로빈슨 크루소』의 저자 대니얼 디포Daniel Defoe, 1660~1731는 1720년 『주식거래소의 해부』라는 책에서 "주식거래는 완벽한 사기 시스템이다. 이것은 부정을 뿌리로 하며 속임수와 계략, 협잡과 감언이설, 조작과 위조를 비롯한 모든 종류의 거짓에서 태어났다."라고 경고했습니다. 디포의 주장이 다 맞지는 않겠지만, 적어도 작전 세력이 조종하는 주식판은 완벽한 사기입니다. 주식 투자로 일확천금을 꿈꾸는 이들이 많아질수록 작전 세력의 농간은 더 커지게 마련입니다.

　주식을 산다는 것은 그 회사의 주주, 즉 주인이 된다는 뜻입니다. 기업의 주인이라면 당연히 애정을 가지고 그 기업을 오랫동안 지켜볼 수 있어야겠죠. 주식 투자는 기업과 동행하는 동반자가 되는 것이지, 한탕 떼돈을 벌어들이는 도박이 아니라는 점을 우리는 꼭 명심해야 합니다.

☆복리의 마법, 72규칙

'수익률'은 투자한 원금에 비해 수익이 얼마나 났는지를 나타내는 용어입니다. 보통 1년 단위로 계산하죠. 100만 원을 투자했는데 그 해에 10만 원을 벌었다면 수익률은 10%가 됩니다. 그렇다면 연 10%의 수익률로 2년이 지나면 원금은 얼마로 붙어날까요? "1년에 10만 원을 벌어들이니 2년이면 20만 원"이라고 답하면 안 됩니다. 그렇게 간단한 문제였으면 묻지도 않았겠죠.

1년이 지나 원금이 110만 원이 됐을 때, 계산을 다시 시작해야 합니다. 2년째에 투자 원금은 100만 원이 아니라 110만 원이 된다는 이야기죠. 따라서 2년째에도 10%의 수익률을 유지한다면 이 해의 수익금은 10만 원이 아니라 11만 원(110만 원×0.1)으로 늘어납니다. 이런 식으로 직전 해의 수익금을 이듬해의 원금으로 계산하는 방식을 '복리법'이라고 부릅니다. 은행에 돈을 맡기면 이자를 주죠? 은행 이자도 이 복리법으로 계산을 합니다.

여기서 꿀팁을 하나 소개해 드리겠습니다. 바로 '72규칙'이라는 것입니다. 100만 원을 가지고 매년 12%의 수익률을 올린다고 가정했을 때, 원금이 두 배로 붙어나는 시점은 언제일까요? 이걸 제대로 계산하려면 매우 복잡한 수학 공식을 이용해야 합니다. 하지만 72규칙을 사용하면 쉽게 답을 알아낼 수 있죠. 숫자 72를 수익률로 나누면 원금이 두 배로 불어나는 시점이 대략 나오거든요. 72 나누기 12는 6이죠? 이 말은 12%의 수익률로 6년이 지나면 원금이 갑절로 불어난다는 뜻입니다. 만약 수익률이 연 8%라면 72÷8=9, 즉 9년 뒤에 원금이 두 배가 됩니다. 수익률이 6%라면 72÷6=12, 그러니까 12년이 지나야 200만 원이 되겠네요.

자, 그러면 이렇게 생각해 봅시다. 연 수익률이 12%라고 가정하고 100만 원을 투자했습니다. 처음에는 수익률 12%가 별것 아닌 것처럼 느껴지죠. 1년에 고작 12만 원 버는 거니까요. 하지만 투자 기간이 길어질수록 12%의 수익률은 놀라운 복리의 마법을 발휘합니다. 6년이 지나면 100만 원이 두 배로 불어나 200만 원이 됩니다. 또다시 6년이 지나면 200만 원은 두 배로 불어나 400만 원이 되죠. 다시 6년이 지나면 400만 원은 800만 원이 됩니다. 여기서 6년이 더 지나면 800만 원은 1,600만 원이 됩니다.

만약 12%의 수익률을 유지할 수만 있다면, 지금 투자한 100만 원은 24년 뒤(여러분이 30~40대쯤 됐을 때) 무려 16배가 불어난 1,600만 원이 됩니다. 엄청나죠? 순간적인 대박이 아니라 적당한 수익률을 꾸준히 오래 유지하는 게 중요한 이유가 바로 여기에 있습니다.

주주 제일주의가 낳은 부작용

- 엔론과 분식회계 -

전문경영인은 무엇에 집중할까

우리는 이 책 앞부분에서 주식회사의 개념을 배웠습니다. 그리고 '주주가 회사의 주인'이라는 사실을 이해했죠. 그런데 지금부터는 좀 다른 이야기를 해 볼까 합니다.

이론적으로는 주주가 회사의 주인입니다. 회사를 세울 때 돈(자본금)을 냈으니까요. 하지만 주주들이 계속 주식을 사고팔기 때문에 회사의 주인은 끊임없이 바뀝니다. 이 경우 누가 책임을 지고 회사를 운영할까요?

그래서 대부분 주식회사들은 전문경영인이라고 불리는 사람에게 회사의 경영을 맡깁니다. 그리고 주주들은 전문경영인에게 "전문가인 네가 경영을 잘해서 내 주식의 가치를 높여 줘."라고 당부하죠. 전문경영인은 보통 주주총회에서 결정되며, 회사마다 사정이 좀 다르긴 하지만 통상 3년 정도 임기를 보장받습니다.

전문경영인의 임기를 제한하는 이유는 간단합니다. 주주들이 3년 동안 지켜보겠다는 겁니다. 전문경영인이 경영을 잘하면 한 번 더 기회를 주겠지만, 그렇지 않으면 3년 만에 해고하고 더 나은 전문경영인을 찾는 겁니다.

그렇다면 생각해 봅시다. 3년이라는 시간을 얻은 전문경영인의 최대 관심사는 무엇일까요? 당연히 경영을 잘해서 다음 주주총회에서 주주들에게 재신임을 받는 것입니다. 그렇다면 어떻게 해야 3년 뒤 주주들의 재신임을 받을 수 있을까요? 당연히 주주들이 좋아할 일을 해야 합니다.

그렇다면 주주들은 뭘 좋아할까요? 주식 투자로 돈 버는 걸 좋아합니다. 즉 배당을 잔뜩 받거나, 아니면 주가가 엄청 올라 시세 차익을 챙길 때 주주들은 행복해하죠.

그렇다면 어떻게 해야 주가를 올릴 수 있을까요? 당연히 실적이 좋아야 합니다. 특히 이익을 많이 내는 것이 중요합니다. 이익은 실적에서 가장 중요한 지표이기 때문입니다. 즉 이 말은, 전문경영인은 3년 동안 이익을 많이 내는 일에 목숨을 걸어야 한다는 이야기입니다. 만약 이익을 기대만큼 못 내면 전문경영인은 실직자 신세를 면치 못할 것입니다.

그런데 세상일이 늘 자기 마음대로 되지는 않습니다. 아무리 신출귀몰한 전문경영인이라도 항상 성공을 거둘 수는 없는 법이죠. 주주들의 기대와 달리 이익은커녕 손실을 입는 일도 벌어집니다. 이때 전문경영인에게 유혹의 손길이 접근합니다. 그리고 그 유혹은 전문경영인의 귀에 이렇게 속삭입니다.

"이대로 실적을 발표하면 당신은 다음 주주총회에서 틀림없이 해고될 거야. 그런데 회사 사정을 주주들이 세세히 알지는 못해. 그러니까 장부를 조작하자. 손실을 입었지만 이익을 낸 것처럼 꾸미면 주주들이 속을 거야."

장부에 화장을 한다고?

분식회계(粉飾會計)라는 말이 있습니다. 기업이 회계장부를 작성할 때 매출이나 이익을 실제보다 부풀려 수치를 고의로 왜곡시키는 행위를 말합니다. 원래 기업들은 매출이나 이익을 회계장부라는 곳에 기록합니다. 부모님이 매월 쓴 돈과 번 돈을 가계부에 기록하는 것과 비슷하다고 보면 됩니다. 분식회계에서 분(粉)은 '화장할 때 쓰는 가루'를 뜻하고, 식(飾)은 '곱게 칠한다'는 뜻입니다. 즉 분식회계란 엉망진창인 회사의 회계장부를 화장을 하듯 예쁘게 꾸미는 것을 말하죠.

물론 원칙적으로 이러면 당연히 안 됩니다. 주식시장에 상장한 기업은 회계장부를 정기적으로 공개해야 합니다. 그것도 아주 솔직하게 공개해야 하죠. 그런데 장부에 매출이나 이익이 너무 나쁘게 나오면 주가가 폭락을 할 겁니다. 주주들이 전문경영인에게 화를 내겠죠. 그래서 몇몇 전문경영인들이 잘못된 마음을 품고 장부에 분칠을 하는 겁니다. 분식회계란 장부 조작과 같은 말이라고 보면 틀림없습니다.

세계적으로 가장 널리 알려진 장부 조작 사건은 2001년 파산한 미국의 엔론이라는 회사의 분식회계입니다. 엔론은 석유나 천연가스를 채굴해 팔았던 에너지 회사였습니다. 이 회사는 주가를 띄우기 위해 장부를 5년 동안 지속적으로 조작했습니다. 벌지도 않은 돈 13억 달러(약 1조 5,300억 원)를 회사의 이익으로 기록하는 대담함을 보였죠. 결국 분식회계 것이 나중에 들통 났고, 회사의 실제 이익이 형편없다는 것이 밝혀지면서 엔론은 망해 버립니다. 이 사건의 충격이 얼마나 컸던지 2008년 노벨 경제학상을 받은 폴 크루그먼Paul Krugman, 1953~ 교수는 "엔론 사태는 테러 공격보다 경제에 미치는 영향이 더 크다"고 평가할 정도였습니다.

우리나라에도 유명한 분식회계 사건이 있었습니다. 1997년 기아자동차는 악화된 실적을 숨기기 위해 분식회계를 저질렀는데 놀랍게도 그 규모가 4조 원이 넘었습니다. 엔론이 저질렀던 분식회계 규모의 세 배에 가까웠죠. 아직 놀라기는 이릅니다. 1999년에는 당시 재계 서열 2위였던 대우그룹이 분식회계를 저질렀습니다. 대우그룹의 분식회계 규모는 엔론보다 30배나 많은 무려 41조 원이었습니다. 우리나라 기업인들은 사기를 칠 때도 스케일이 엄청납니다.

서구 사회에서는 분식회계를 매우 엄중한 범죄로 봅니다. 이런 식으로 분식회계를 저지르면 주주들이 엄청난 손실을 입어 증시에 대한 신뢰도가 하락하고, 자본주의의 근간이 흔들린다고 보기 때문입니다. 그래서 분식회계를 주도한 엔론의 전문경영인 제프리 스킬링은 2006년 사법부로부터 무려 24년 4개월의 실형을 선고받았습니다. 당연히 1년의 감형도 없었고 스킬링은 아직도 감옥에 갇혀 있습니다.

회사의 주인은 주주뿐일까

지금부터는 보다 근본적인 이야기를 해 봅시다. 이 책에서 우리는 '주주가 회사의 주인'이라고 배웠습니다. 이런 관점을 '주주 제일주의'라고 부릅니다. 그런데 이게 그렇게 단순한 문제일까요?

물론 설립된 지 얼마 안 된 작은 회사라면 설립 자본금을 낸 사람이 주인이라는 사실에 아무도 시비를 걸지 않을 겁니다. 동네 치킨집 주인은 당연히 사업을 시작할 때 돈을 낸 치킨집 사장님이죠!

문제는 사업을 시작한 지 수십 년이 지난 거대 회사들의 경우입니다. 이런 회사들은 오랜 시간 동안 기업 가치가 수백조 원에 이를 정도로 엄청난 성공을 거뒀습니다. 그리고 이런 성공에는 설립 당시 주주들의 투자 외에도 수많은 노동자의 헌신적인 노력과 소비자의 사랑이 함께 녹아 있습니다. 노동자와 소비자 없이 이렇게 큰 성공을 거두기는 불가능한 일이니까요.

그래서 '주주만이 회사의 주인'이라는 주주 제일주의에 수정을 가해야 한다는 의견이 유럽에서 등장합니다. 주주 제일주의에 따르면 기업은 오로지 이익을 많이 내야 합니다. 그러기 위해서는 소비자에게 물건을 비싼 가격에 팔아야 합니다. 그래야 수익이 많이 나니까요. 또 노동자의 임금도 깎아야 합니다. 비용을 줄여야 이익이 늘어날 테니까요.

이런 이유로 주주 제일주의를 신봉하는 기업은 소비자들에게 바가지를 씌우고, 노동자들을 살인적 노동환경에 내몹니다. 환경보호? 그런 것도 신경 쓸 이유가 없죠. 전문경영인의 관심사는 오로지 주주들에게 잘 보이는 것뿐이기 때문입니다.

이런 부작용 탓에 독일과 북유럽을 중심으로 주주 제일주의가 아니라 '이해당사자 자본주의(Stakeholder Capitalism)'라는 새로운 이론이 등장합니다. 이해당사자 자본주의는 "기업의 주인은 주주만 있는 게 아니다. 그 기업에 이해관계가 걸려 있는 노동자나 소비사 모두 주인 노릇을 할 자격이 있다."라는 관점을 갖고 있습니다.

그래서 이해당사자 자본주의를 지지하는 나라에서는 주주총회가 아니라 주주-노동자-소비자 대표들이 모두 모인 자리에서 중요한 사안을 결정합니다. 주주의 이익만을 추구한다면 노동자와 소비자의 권리가 침해되기 때문에 이런 식으로 소비자와 노동자의 관점을 보태주는 겁니다.

물론 아직까지는 미국과 영국을 중심으로 한 주주 제일주의가 훨씬 더 많은 지지를 받습니다. 하지만 분식회계 같은 부작용이 나타나면서 주주 제일주의의 천국이라는 미국에서도 이해당사자 자본주의를 도입해야 한다는 목소리가 조금씩 커지는 추세랍니다.

알아 두면 쓸모 있는 신기한 주식 이야기

☆금융시장을 뒤흔든 돌격 정신의 끝

한국 증시에는 수많은 흑역사가 있었지만, 그중 압권은 1999년 벌어졌던 이른바 '바이 코리아(Buy Korea)' 열풍입니다. 1997년 우리나라는 건국 이래 최악의 경제 위기를 맞았고, 그로 인해 경제 주권을 국제통화기금(IMF)이라는 단체에 넘겨줬습니다. 이른바 'IMF 외환 위기'라는 것입니다. 하지만 이후 한국 경제는 저력을 발휘해 빠른 시간 안에 위기를 극복했죠. 그런데 외환 위기에서 막 벗어났던 1999년 초에 최악의 주식 사기(!) 사건이 벌어집니다.

현대그룹 창업자 정주영은 "안 되면 되게 하라!"라는 돌격 정신의 소유자였습니다. 정주영은 돌격 정신 하나로 현대그룹을 국내 최고 기업으로 성장시켰죠. 그런 정주영의 최측근 중 이익치라는 인물이 있었습니다. 현대건설 출신으로 오랫동안 정주영의 비서를 지낸 인물이었죠. 성격도 정주영을 꼭 닮아서 이익치에게 붙은 별명이 '리틀 정주영'이었습니다.

그런데 정주영이 외환 위기 직후 이익치를 현대증권 사장으로 임명했습니다. 돌격 정신의 소유자 이익치는 증권사를 맡자마자 '바이 코리아' 펀드라는 것을 만들었습니다. 그리고 그는 "3년 안에 100조 원을 모으겠다"는 황당한 계획을 발표하죠.

이익치는 투자자를 모으기 위해 "한국 증시는 6년 안에 주가 지수가

6,000까지 오른다."라고 떠들었습니다. 그의 주장에 솔깃한 투자자들이 투자 설명회에 참가하면 이익치는 "돈은 돈이 있는 곳에 몰립니다. 여러분, 우리나라에서 제일 돈 많은 분이 정주영 명예회장님이죠? 여러분은 지금 현대를 선택한 것만으로도 돈 버는 길에 들어선 겁니다!"라며 마치 길거리 약장사 같은 논리로 투자자들을 자극했습니다.

증권가에서는 "현대건설 출신의 이익치가 건설과 금융의 차이를 모르는 것 같다. 증권사 운영을 건설회사 운영하듯이 한다."라며 비웃었죠. 하지만 이익치는 "금융은 곧 건설이다."라는 희대의 명언을 남기며 마치 건물 빨리 짓기 경쟁을 하듯이 투자자들의 돈을 긁어모았습니다.

건설도 부실 공사를 하면 무너집니다. 하물며 위험 관리가 무엇보다도 중요한 금융 분야에서 이런 짓을 하면 성공할 수가 없습니다. 바이 코리아 펀드로 시중 자금을 무려 12조 원이나 쓸어 모은 이익치는 기대만큼 수익을 내지 못하자 결국 주가조작에 손을 댑니다. 이른바 '작전 세력' 노릇을 한 건데, 국내 최대 그룹의 증권사가 이런 짓을 저질렀다는 것이 실로 충격적이었습니다.

게다가 현대증권은 그렇게 꼼수를 쓰고도 저조한 수익률을 극복하지 못해 투자자들로부터 소송을 당합니다. 결국 이익치 신화는 대국민 사기극으로 마무리됐고 이익치는 주가조작 혐의로 구속됐습니다. 금융시장에서도 돌격 정신이 먹힐 것이라고 믿었던 '리틀 정주영'의 꿈은 이렇게 물거품이 되고 말았답니다.

적은 자본으로
기업을 지배하는 법

- 상호출자와 순환출자 -

보유한 주식만큼 권한을 갖는다

우리는 1교시 첫 장에서 주식회사가 1인 1표제의 원칙이 아니라 1원 1표제의 원칙에 의해 운영된다는 것을 배웠습니다. 주주총회에서 투표를 할 때 모든 주주들이 한 표씩 투표권을 갖는 게 아니라 보유한 주식 숫자에 따라 투표권 숫자를 달리 갖는 게 주식회사의 의사 결정 원칙이죠.

이 말은 주주들은 철저히 '보유한 주식만큼 권한을 갖는다'는 원칙을 지켜야 한다는 뜻입니다. 보유한 주식이 10%면 10%만큼 권한을 갖는 겁니다. 20%라면 20%만큼 권한을 갖죠. 이 원칙이 깨지면 주식회사가 제대로 운영되지 않습니다.

그런데 한국 사회에서는 이 원칙이 오랫동안 잘 지켜지지 않았습니다. 주식을 조금 가지고 있는 몇몇 사람들이 이상한 편법으로 엄청난 권력을 누린 겁니다. 이런 현상 때문에 권력을 가진 몇몇 주주만 혜택을 보고 대다수의 주주들이 손해를 입는 일이 반복돼 왔습니다. 그렇다면 도대체 어떤 방법으로 몇몇 주주들이 적은 주식으로 거대한 권력을 누렸을까요?

진짜 지배자를 찾아라

어떤 기업이건 그 기업을 지배하는 사람, 혹은 세력이 있기 마련입니다. 보통은 주식을 가장 많이 가지고 있는 사람(혹은 세력)이 그 역할을 맡습니다. 이런 사람을 지배주주라고 부릅니다. 그 기업을 실질적으로 누가 움직이느냐를 보기 위해서는 이 지배주주를 잘 파악해야 합니다. 지배자가 똑똑해야 경영이 원활하고 그 기업(혹은 그룹)의 미래도 밝을 테니까요.

예를 들어 우리가 휴대폰 쓸 때 많이 이용하는 통신회사 SK텔레콤은 누구의 지배를 받을까요? 전자 공시 시스템을 찾아보면 SK텔레콤의 지배주주는 이 회사 주식 26.78%(2020년 9월 기준)를 보유한 SK라는 회사입니다. "26.78%면 많이 갖고 있는 건가요?"라고 물으신다면, 네 그렇습니다. 많이 갖고 있는 겁니다. 이 정도를 보유하면 지배주주로서 매우 강력한 힘을 갖습니다. SK텔레콤 주주총회에서 결정되는 대부분의 일들은 SK가 좌우한다고 보면 됩니다.

그런데 좀 이상하군요. SK텔레콤의 주인이 SK다? 둘 다 이름도 비슷하고, 그냥 같은 그룹에 속한 회사 같은데 SK가 SK텔레콤의 주인이라는 사실이 언뜻 이해가 가지 않습니다. 누군가 뒤에 숨은 진짜 실력자가 있을 것 같단 말이죠.

네, 그 추측도 정답입니다. SK텔레콤의 주인인 SK 역시 누군가의 지배를 받고 있기 때문입니다. 그게 누구일까요? 역시 전자 공시 시스템을 뒤져 봐야 합니다. 그러면 마침내 사람 이름이 나옵니다. SK의 지배주주는 이 회사 주식 18.44%를 보유한 최태원 회장입니다. 이제 대충 답이 나오는군요. SK텔레콤의 진짜 지배자는 바로 최태원 회장입니다. SK텔레콤의 지배주주가 SK이고, 그 SK의 지배주주가 최태원 회장이니까요.

이처럼 '진짜 지배자'를 찾는 것은 좀 복잡합니다. 이런 이유로 증시에서는 '지배구조도'라는 것을 만듭니다. '한 그룹의 지배구조를 나타내는 도식'이라는 뜻인데, 지배주주가 누구인지를 명확히 파악하기 위해 도표 비슷한 걸 만드는 겁니다.

그리는 방식은 화살표를 사용합니다. '지배자 → 피지배자' 같은 방식으로 그리는 거죠. 그리고 지배자가 피지배자의 주식을 얼마나 갖고 있는지 화살표 위에 표기합니다. 예를 들어 SK텔레콤의 경우 이런 식으로 그리는 겁니다.

이렇게 그림으로 보니 SK텔레콤의 진짜 지배자가 누구인지 쉽게 파악이 되죠?

순환출자와 상호출자의 이상한 지배구조

그렇다면 이런 지배구조도는 어떨까요? 이 그림을 보고 두 회사의 진짜 지배자가 누구인지 알 수 있을까요?

어라? 이 그림은 좀 이상합니다. 그림에 따르면 A의 지배주주는 B입니다. B는 A의 주식을 무려 55%나 들고 있는 매우 강력한 지배주주군요. B는 이미 과반수를 확보했기 때문에 A에 관한 거의 모든 결정을 내릴 수 있습니다.

그런데! B의 지배주주는 또 A입니다. A는 B의 주식을 60%나 보유하고 있습니다. 역시 과반수를 확보한 강력한 지배주주입니다. 으잉? 그러면 두 회사는 누가 지배하고 있는 겁니까? A가 B를 지배하는 건가요? B가 A를 지배하는 건가요? 피차 상대에 대해 막강한 지배력을 갖고 있어서 당최 누가 주인인지 알 수가 없습니다. 그래서 두 회사에 직접 물어봅니다. "이런 식으로 서로 지배하고 있으면 누가 진짜 지배자입니까?"라고요.

그랬더니 두 회사가 이구동성으로 소리칩니다. "우리의 지배자는 김철수 씨랍니다!"라고요. 으잉? 김철수 씨요? 김철수 씨가 누군데요? 지배구조도를 아무리 살펴봐도 김철수 씨 이름은 어디에도 나오지 않는데요? 하지만 A와 B 두 회사는 미동도 하지 않고 답합니다. "그냥 그렇게 알고 계세요. 우리 지배자는 김철수 씨라고요. 이유요? 그런 거 없어요. 그냥 우리가 그렇게 정한 거예요."

이게 무슨 황당한 경우입니까? 말이 되지 않는데, 그들이 그렇게 주장하니 시비도 못 겁니다. A와 B 두 회사 모두 과반수를 확보한 막강한 지배력을 피차 행사하고 있어서 주주총회에서 "김철수의 정체를 대라."라고 주장해 봐야 소용도 없습니다.

이 말도 안 되는 지배구조를 상호출자라고 부릅니다. 회사끼리 서로 지배력을 확보한 뒤 엉뚱한 사람을 지배자로 모시는 겁니다. 말이 안 되지요? 네, 당연히 이런 식으로 지배하면 불법입니다.

한걸음 더 나아가 보죠. 이 지배구조도는 어떻습니까?

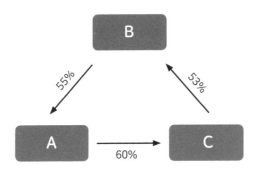

이번에는 빙글빙글 돌아가며 서로를 지배합니다. A의 지배주주는 B이고, B의 지배주주는 C입니다. 그러면 C가 A의 실질적인 지배자라는 이야기인데, 그게 또 그렇지 않습니다. C의 지배주주가 A이기 때문입니다.

그래서 세 회사에 물어봅니다. "도대체 누가 진짜 지배자입니까?"라고요. 그랬더니 세 회사가 목소리를 높여 동시에 답합니다. "이영희 씨가 우리의 지배자입니다!"라고요. 으잉? 이영희 씨는 또 누구란 말입니까? 지배구조도에 이름도 안 나오는 사람인데요!

하지만 이것도 시비를 걸어 봐야 소용이 없습니다. 자기들이 그렇다고 하는 데다가 세 회사 모두 서로서로 막강한 지배력을 행사하고 있기 때문입니다. 이 역시 말이 되지 않습니다. 이런 지배구조를 순환출자라고 부르는데, 이것도 당연히 불법입니다.

엉망진창이었던 한국 기업의 지배구조

문제는 한국의 대부분 그룹들이 이런 말도 안 되는 지배구조를 오랫동안 유지해 왔다는 점입니다. 한국 재벌들은 아무개 씨를 총수라고 주장하는데, 정작 그 총수는 크게 투자를 한 적도 없고 돈을 내서 주식을 사 모으지도 않았습니다. 기업들끼리 주식을 잔뜩 보유한 채 "우리 총수는 아무개 씨예요."라고 주장한 것입니다.

실제로 2019년 공정거래위원회가 발표한 자료에 따르면 국내 10대 재벌의 경우에 총수 일가가 보유한 전체 그룹의 지분은 평균 2.4%에 불과했습니다. 2.4%의 지분을 가졌으면 2.4%만큼만 권리를 행사해야죠. 하지만 총수들은 2.4%의 지분으로 그룹의 거의 모든 것을 결정하는 막강한 권력을 거머쥐었습니다. 심지어 그 권력을 자식들에게 물려주기까지 하는 형국이죠.

대표적인 예가 현대자동차 그룹입니다. 현대자동차 그룹은 그룹의 간판격인 현대자동차와 기아자동차, 그리고 자동차 부품을 만드는 현대모비스가 전형적인 순환출자 구조를 갖고 있습니다. 이 그림을 한번 보시죠. 2020년 6월 현대자동차 그룹의 지배구조도입니다.

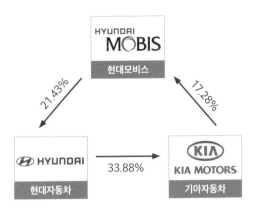

현대자동차의 지배주주는 현대모비스인데, 모비스의 지배주주는
기아자동차입니다. 그런데 기아자동차의 지배주주는 또 현대자동차
군요. 그래서 이들 세 회사에 "진짜 지배자가 누구입니까?"라고 물으
면 이들은 이구동성으로 "정몽구 회장님이요!"라고 답을 합니다. 환장
할 노릇이죠.

이 분야의 압권은 롯데그룹이었습니다. 롯데그룹은 한때 상호출자
와 순환출자가 너무 복잡하게 얽혀서 지배구조도를 그리는 것조차 불
가능한 그룹이었습니다. 2016년 공정거래위원회가 마침내 이 그룹의
지배구조도를 그렸는데, 다음 페이지에 보이는 게 그 전설의 롯데그
룹 지배구조도입니다.

"글씨가 안 보이잖아요!"라는 불만은 당연합니다. 글씨가 잘 안 보
이는 게 정상입니다. 그만큼 복잡하기 때문입니다. 이 자료는 공정거

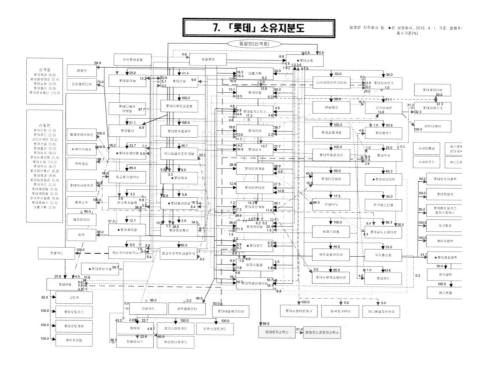

7. 「롯데」 소유지분도

래위원회가 만든 것인데, 원래 자료에서도 이렇게 글씨가 잘 안 보였습니다. 엄청 복잡하죠? 화살표가 몇 개인지 셀 수조차 없습니다. 이렇게 복잡하게 얽어 놓고 이들은 "우리 지배자는 신격호 회장님이에요!"라고 주장을 해 왔습니다. 실로 어처구니가 없는 일이었죠.

앞에서도 이야기했지만 상호출자와 순환출자는 불법입니다. 그래서 정부와 시민사회는 재벌들을 향해 이 황당한 지배구조를 해소하라고 오랫동안 요구해 왔습니다. 하지만 그들은 지배구조를 해소하려면 돈이 많이 든다는 이유로, 특히 총수가 개인 돈을 써야 한다는 이유로 이 요구를 거부했습니다. 지배구조를 바꾸려면 총수가 그룹 전체를 지배할 만큼의 충분한 주식을 자기 돈으로 사야 하거든요. 사실 이건 매우 당연한 일입니다. 30%의 권리를 누리고 싶으면 30%만큼의 주식을, 50%의 권리를 누리려면 50%만큼의 주식을 사야 합니다. 하지만 총수들은 무슨 이유에서인지 자기 호주머니에서 돈이 나가는 걸 거부했죠.

하지만 이런 비정상적인 지배구조를 언제까지나 용인할 수는 없는 법이죠. 총수들의 이런 행태에 반대 목소리가 높아지면서 결국 이들도 하나둘씩 지배구조를 바꾸기 시작했습니다. 언제까지나 불법을 유지할 수는 없기 때문입니다.

전설의(!) 롯데그룹도 저 복잡한 지배구조를 해소했습니다. 순환출자의 대명사인 현대자동차 그룹도 지배구조 해소 계획을 밝힌 상태죠. 남은 곳은 삼성그룹 하나인데, 삼성은 아직도 복잡한 지배구조를 명확히 해소하지 못했습니다. 삼성을 향한 비판이 아직도 줄어들지 않은 중요한 이유 중 하나가 이것입니다.

늦은 감이 없지 않지만 어쨌든 한국의 재벌들이 하나둘씩 지배구조를 투명하게 만든다는 점은 다행입니다. 하지만 수십 년 동안 저런 복잡한 지배구조를 이용해 총수에게 부당하게 권력을 몰아준 재벌들의 행태는 비판받아 마땅합니다.

모든 권력에는 책임과 의무가 따르는 법입니다. 거대 그룹을 운영할 권력을 가지려면 그에 걸맞은 투자와 희생이 있어야 합니다. 상호출자와 순환출자라는 편법으로 거대 그룹의 권력을 누렸던 재벌 총수들은 이 사회에 큰 빚을 졌다는 점을 알아야 합니다. 그들이 좀 더 겸손해야 하는 이유이기도 하죠.

☆부채도사에게 홀린 재벌 회장님

주식시장이라는 곳이 워낙 큰돈이 오가는 곳이다 보니 이곳에서 사기를 치는 사람들도 적지 않습니다. 밖에서 보면 '저런 뻔한 사기에 왜 속는 거야?'라는 생각이 드는데, 정작 사기에 당한 사람들은 사기꾼의 거짓말을 굳게 믿습니다.

황당하기가 이를 데 없는 주식 사기 사건이 2011년 적발됐습니다. 사기를 친 쪽은 김원홍이라는 여의도 점쟁이었고, 사기를 당한 쪽은 지금도 SK그룹을 이끌고 있는 최태원 회장이었습니다.

김원홍은 여의도에서 '부채도사'라는 별명을 얻을 정도로 유명한 점쟁이었습니다. 그의 특기는 점을 쳐서 미래의 주가를 맞히는 것이었다고 합니다. 여기까지 읽은 많은 독자분들이 '저런 황당한 사기가 먹힌단 말이야? 미래의 주가를 무슨 수로 맞혀?'라고 생각하시겠죠? 맞습니다. 그렇게 생각하는 게 정상적인 겁니다.

하지만 최태원 회장은 김원홍의 사기에 속아 넘어갔습니다. 미래의 주가를 맞힌다는 부채도사의 재주를 굳게 믿고 6,000억 원에 이르는 거금을 부채도사에게 맡긴 겁니다. 최 회장은 현금은 물론 부동산까지 팔아 이 돈을 마련했다고 하네요. 그러면 그 투자는 성공했을까요? 그럴 리가요! 미래의 주가를 맞히는 재주 따위가 이 세상에 존재할 리가 없습니다. 부채도사는 최 회장이 보낸 돈을 홀라당 날려 먹었죠.

문제는 최 회장이 사기를 당했다는 사실을 깨닫고 멈췄어야 했는데, 멈추지 못했다는 점에 있었습니다. 현금 대부분을 날린 최 회장은 급기야 회삿돈에 손을 대고 맙니다. SK텔레콤과 SK C&C 등 자신이 지배하던 회사의 통장에서 465억 원을 마음대로 꺼내 부채도사에게 또 맡긴 겁니다.

이건 횡령이고 매우 큰 범죄입니다. 주식회사가 번 돈은 주주들 공동의 재산이기 때문에 지배주주라고 함부로 막 꺼내 쓰면 큰일 납니다. 하지만 부채도사에게 홀린 최태원 회장은 이성을 잃고 이 범죄를 저지릅니다. 검찰이 부채도사 김원홍을 붙잡으면서 최 회장의 횡령 사실을 밝혀냈고, 최 회장은 2013년 1월 31일 징역 4년의 판결을 받고 구속됐습니다.

특이한 점은 최 회장의 구속이 두 번째였다는 점입니다. 그는 2003년에도 분식회계와 횡령으로 구속된 전력이 있었죠. 두 범죄 모두 저질러서는 안 되는 것이었지만, 부채도사에게 홀려 회사 돈을 횡령한 두 번째 범죄는 특히 심했다는 생각이 듭니다.

없는 주식을 팔 수 있다고?

- 공매도와 투기 -

신용부도스와프가 대체 뭘까

영화 〈식코〉로 미국 의료보험 체계의 허점을 낱낱이 파헤쳤던 다큐멘터리 감독 마이클 무어^{Michael Moore, 1954~}가 2009년 〈자본주의: 러브스토리〉라는 영화를 제작한 적이 있습니다. "둘 다 처음 들어 보는 영화인데요?"라고 반문할 수 있는데, 다큐멘터리 분야에서는 매우 유명한 영화입니다. 특히 무어 감독은 이런 다큐멘터리를 재미있게 만드는 재주가 출중한 사람입니다. 의료보험 체계나 자본주의경제 시스템의 문제점 등에 관심이 많은 독자라면 이 두 영화를 흥미롭게 보실 수 있을 겁니다.

아무튼 영화 〈자본주의: 러브 스토리〉에서 무어는 직접 월가를 찾아 소리 높여 외칩니다. "우리가 신용부도스와프라는 것 때문에 금융위기를 맞았다는데, 이게 도대체 뭐요? 이거 나한테 설명 좀 해 줄 사람 없어요?"

미국은 2007~2008년 심각한 금융위기를 맞은 적이 있습니다. 거의 나라가 망할 뻔했던 충격적인 사건이었죠. 그리고 언론에서는 "위기의 원인은 신용부도스와프 때문이다."라고 설명했습니다. 그런데 이게 설명이 되나요? 도대체 신용부도스와프가 뭔데요? 나라 전체가 거덜이 나게 생겼는데 미국인들은 신용부도스와프가 뭔지 몰라서 황당해했습니다. 그래서 참다못한 무어가 직접 나섰습니다. 금융 전문가들이 모여 있는 월가에서 "제발 누가 설명 좀!"이라고 외친 거지요.

한참을 헤매다가 무어는 설명해 줄 사람을 겨우 찾았습니다. 영화에서 설명자는 친절하게 파생 상품의 개념부터 알려 주죠. "파생 상품이란 실물 자산에 이상한 금융 기술을 걸어서 자산 가격이 오르거나 내리는 것에 돈을 베팅할 수 있게 해 주는 거예요."라는 게 그의 설명이었습니다. 무어가 다시 묻죠.

"그러니까 결국 도박하고 비슷한 거네요?"

"그렇죠."

대답을 들은 무어가 황당한 표정으로 한마디를 던집니다.

"그렇다면 그 짓을 도대체 왜 하는 거요?"

이제 이 책의 마지막 장에 도착했습니다. 주식을 처음 접하는 여러분들에게 최대한 쉽게 주식시장의 구조를 설명하려고 했는데 잘됐는지 모르겠습니다. 주식시장에 대해 '쉽게' 설명하는 것은 매우 중요합니다. 왜냐하면 주식시장에서 사용하는 용어가 실제로 매우 어려운데다가 금융의 구조도 너무 복잡하고 어렵기 때문입니다. 이러면 많은 투자자들이 '알지도 못한 채' 투자를 해야 합니다. 이건 너무 위험한 일이죠.

신용부도스와프만 해도 그렇습니다. 이게 뭔지 설명하려면 지금부터 또 한 30페이지쯤 글을 더 써야 합니다. 그런데 30페이지를 더 써도 이게 뭔지 알아듣게 설명할 자신이 저에게 없습니다. "에이, 작가도 신용부도스와프가 뭔지 몰라서 그렇게 이야기하는 거 아니에요?"라고 반문하는 독자들의 표정이 눈에 선한데 절대 그렇지 않습니다. 저는 그게 뭔지 압니다. 진짜로 안다고요! 그런데 설명할 자신이 없습니다.

앞에서 무어에게 지식을 전한 월가 전문가조차도 신용부도스와프가 아니라 파생 상품의 기초 개념만을 설명했을 뿐입니다. "파생 상품은 또 뭔데요?"라고 반문하지 말아 주세요. 저도 괴롭습니다. "에이, 그것도 몰라서 발뺌하는 거죠?"라는 독자들의 표정이 또 눈에 선한데, 저는 압니다. 진짜로 안다고요! 아는데 설명이 어렵다는 겁니다!

공매도라는 마술

지금부터는 일반인들이 주식시장을 어렵게 느끼도록 만든 주범인 공매도라는 것을 알아보려고 합니다. 주식시장에는 공매도라는 제도가 있습니다. 그런데 이 이상한 제도는 '주가가 올라야 돈을 벌 수 있다'는 고정관념을 깨는 '이상한 금융 기술' 중 하나입니다. 이 제도의 도입으로 투자자들은(사실 모든 투자자는 아니고 주로 외국인이나 기관투자가들만 혜택을 누리지만) 주가가 떨어져도 돈을 벌 수 있는 신세계를 맞았습니다.

"주가가 떨어져도 돈을 벌 수 있어요? 그것 참 신기한 제도네요."라고 감탄할 때가 아닙니다. 이 제도는 주식시장을 복잡하게 만드는데다가 개인 투자자들을 종종 궁지로 몰아넣는 매우 위험한 제도이기 때문입니다. 눈 뜨고 코 베이는 일을 당하지 않기 위해 이 제도만큼은 어렵지만 반드시 이해해야 합니다.

이론적으로 공매도는 '없는 주식을 빌려서 파는 제도'입니다. "없는 것을 어떻게 팔아요?"라는 반문이 나올 수 있는데, '빌려서 파는 제도'라는 말을 잘 이해해야 합니다. 예를 들어 보죠. 지금 A에게는 삼성

전자 주식이 없습니다. 하지만 몇몇 대형 금융회사에는 팔아서는 안
되고 보관만 하는 삼성전자 주식이 있습니다. 이상하게 들릴지 모르
겠지만 진짜 이런 주식이 있습니다.

그래서 A는 이런 금융기관을 찾아 "어차피 팔지도 않을 거 보관만
하면 뭐 합니까? 나한테 빌려주세요. 이자를 드릴게요."라고 요청합니
다. 금융기관 입장에서는 보관만 하는 주식을 빌려주고 이자를 챙길
수 있으니 거절할 이유가 없습니다.

이렇게 A는 삼성전자 주식 한 주를 당시 주가인 5만 원에 세 달 동
안 빌리기로 합니다. 이 지점이 중요합니다. 세 달 후 A는 삼성전자 주
식을 갚아야 합니다. 그런데 빌리기를 주식으로 빌렸으니 갚을 때에
도 주식으로 갚는 겁니다. '주식으로 빌리고 주식으로 갚는다.' 이게
포인트입니다.

A는 빌린 주식을 즉시 시장에 내다 팝니다. 당시 주가가 5만 원이
었으니 5만 원에 팔았겠죠. 그리고 마침내 세 달이 지났습니다. 그런
데 어떤 이유로 삼성전자 주가가 4만 원으로 떨어졌습니다. 약속한 시
간이 지났으므로 A는 빌린 주식을 갚아야 합니다. 무엇으로 갚을까
요? 당연히 주식으로 갚아야 합니다!

그래서 A는 주식을 갚기 위해 삼성전자 주식을 다시 샀습니다. 얼
마에 샀을까요? 당연히 당시 주가인 4만 원에 샀습니다. 그리고 이 주
식을 금융기관에 돌려줍니다. 1주를 빌려서 1주를 돌려줬으니 A는 도

리를 다한 겁니다. 물론 이자는 조금 물어 줘야 합니다.

그런데 이 거래를 하고 났더니 A는 돈을 벌었습니다. 세 달 전 빌린 삼성전자 주식을 팔아서 A가 손에 쥔 돈은 5만 원입니다. 하지만 세 달 뒤 삼성전자 주식을 사는 데에는 4만 원밖에 들지 않았습니다. '5만 원−4만 원=1만 원', 즉 A는 주식을 빌리고 갚는 과정에서 1만 원을 얻은 겁니다. 물어야 할 이자를 감안해도 충분히 남는 장사입니다. 이게 바로 공매도의 마술입니다. 주식을 빌려서 판 뒤, 주가가 하락하면 싼값에 사서 되갚는 겁니다. 이러면 주가가 하락해도 돈을 벌 길이 생깁니다.

물론 공매도를 했는데 주가가 오르면 속된 말로 '바보 되는' 경우가 생깁니다. 5만 원에 빌려서 팔았는데 주가가 6만 원으로 오르면, 주식을 갚기 위해 6만 원을 주고 주식을 사야 합니다. 1만 원 손해죠. 게다가 이자까지 물어야 합니다.

그래서 공매도를 함부로 했다가 주가가 오르면 큰 손해를 입을 수도 있습니다. 하지만 어쨌든 공매도라는 제도가 도입되면서 투자자들은 '주가가 하락해도 돈을 벌 수 있는 기회'를 손에 넣게 됐습니다.

개인 투자자에게 불공정한 게임

얼핏 보면 '그럴싸한데?'라는 생각이 듭니다. 하지만 사실 이 게임은 개인 투자자에게 매우 불공평한 게임입니다. 왜냐하면 개인 투자자는 공매도를 할 방법이 사실상 거의 없기 때문입니다. 공매도를 위해서는 금융기관으로부터 주식을 빌려야 하는데, 이 절차가 매우 복잡합니다. 일반 개인 투자자는 주식 빌리기가 불가능하다고 해도 과언이 아니죠. 그래서 공매도를 할 수 있는 권리는 현실적으로 대형 기관투자가나 외국인 투자자로 한정됩니다.

이건 카드 게임을 하는데 개인 투자자에게는 카드 다섯 장만 쥐어 주고, 기관이나 외국인 투자자에게는 카드를 예닐곱 장 쥐어 주는 것과 마찬가지입니다. 개인이 쓸 수 있는 카드가 부족한 것이죠. 게다가 기관이나 외국인은 자금 규모와 정보력에서 개인을 압도합니다. 여기에 공매도라는 카드까지 한 장 더 쥐어 줬으니 개인이 불리한 것은 당연한 이치죠.

예를 들어 보죠. 대형 기관이나 외국인들이 특정 종목 하나를 찍은 뒤 대거 공매도에 나섭니다. 기관이나 외국인은 이 종목 주가가 하락해야 돈을 버는 겁니다. 그런데 공매도 양이 많아질수록 주가는 당연히 떨어집니다. 주식을 팔겠다는 세력이 늘어났으니까요. 앞에서 배웠듯이 주가는 수요와 공급에 의해 결정되는 겁니다. 만약 주가가 잘 안 떨어지면 대형 기관이나 외국인은 공매도 양을 더 늘려서라도 반드시 주가를 하락시킵니다.

게다가 증시에서는 개인보다 외국인이나 기관의 영향력이 훨씬 큽니다. '외국인이 공매도를 걸었다'는 소식이 들리면 투자자들은 '자금력이 풍부한 외국인이 계속 공매도를 늘려 결국 주가를 떨어뜨릴 것'이라는 공포에 휩싸입니다. 당연히 다른 투자자들도 손해를 줄이기 위해 덩달아 주식을 팔아 치우고 주가는 더 떨어집니다. 주가가 더 떨어지면 투자자들은 더 무서워져서 주식을 더 많이 팝니다. 주가는 더 폭락합니다.

이 공포의 전쟁이 한바탕 끝나고 나면 주식시장의 돈은 애초 공매도에 나섰던 외국인과 기관의 손에 고스란히 쥐어져 있는 겁니다. 냉정하게 말해 이는 정상적인 투자가 아닙니다. '배당과 시세 차익을 얻기 위해 투자한다'는 주식 투자의 본질과도 거리가 멀죠.

무어는 파생 상품 설명을 듣고 "그 짓을 도대체 왜 하는 거요?"라고 반문했는데, 저는 개인적으로 이 공매도 제도에 대해 똑같은 질문을 던지고 싶습니다. 개인 투자자는 사실상 사용할 수 없는 복잡한 제도를 만들어 놓고 주식시장을 도박판 비슷하게 만드는 것에 동의하지 않는다는 뜻입니다.

물론 이건 제 개인의 의견일 뿐 증시에서는 공매도에 찬성하는 의견도 적지 않습니다. 찬성의 논리는 크게 두 가지입니다. 첫째, 주가가 과도하게 올랐을 때 공매도가 이를 견제할 수 있다는 점입니다. 앞에서 살펴본 보물선 파동이나 만리장성 4인방 테마주 등에서도 알 수 있듯이 증시에서는 종종 말도 안 되는 이유로 주가가 급등하곤 합니다. 이걸 증시에서는 '거품이 끼었다'고 표현하죠. 공매도는 이런 비이

성적인 거품을 제어할 수 있습니다. 말도 안 되는 이유로 급등한 주식에 공매도가 들어오면 사람들은 '아, 이게 거품일 가능성이 있구나.'라는 경각심을 가질 수 있는 거죠.

둘째, 대부분 선진국 증시가 공매도를 도입했는데 우리만 공매도를 폐지하면 세계 시장에서 한국이 외면받을 수 있다는 점입니다. 공매도는 특히 외국인 투자자들이 잘 사용하는 기술인데 만약 한국이 공매도를 폐지하면 외국인 투자자들이 한국 증시 자체를 외면할 수 있어 되레 주가가 하락할 것이라는 논리죠.

하지만 이런 주장의 옳고 그름을 떠나 왜 개인 투자자들은 사용하기 어려운 제도를 이용해 이 문제를 해결하려 하느냐는 근본적인 질문은 사라지지 않습니다. 어떤 이유에서건 이 제도가 존재하는 한 개인 투자자는 불리할 수밖에 없으니까요. 또 공매도로 거품을 잡는다는 논리도 설득력이 약합니다. 공매도가 존재하든 존재하지 않든 증시의 거품은 늘 존재했고, 공매도로 거품이 가라앉았다는 실제 사례도 별로 없습니다.

어쨌든 제가 동의하건 안 하건 공매도는 엄연히 주식시장에 존재하는 제도입니다. 개인 투자자에게는 말도 안 되게 불리한 제도이지만, 이런 제도가 있다는 사실을 알고 투자에 임해야 올바른 판단을 할 수 있다는 뜻입니다.

☆블루칩과 옐로칩은 과자가 아니다

주식시장에는 블루칩(blue chip)이라는 용어가 있습니다. '파란색 칩'이라는 뜻인데, 증시에서는 초대형 우량주를 뜻하는 말입니다. 초대형 우량주란 말 그대로 거대 기업의 주식을 뜻합니다. 한두 해 반짝 성장한 기업이 아니고 최소한 수십 년 동안 꾸준히 거대 기업의 자리를 지킨 기업들을 뜻하죠.

이런 기업의 주식을 '우량주'라고 부르는 이유는, 어찌 됐든 이런 회사는 망할 확률이 거의 없기 때문입니다. 새로 등장한 기업들은 곧잘 망하기도 해서 주식에 투자하기가 좀 망설여지죠. 반면에 블루칩은 그럴 위험이 거의 없습니다. 우리나라로 치면 삼성전자나 현대차, 포스코 같은 주식들이 대표적인 블루칩으로 인정받습니다.

그런데 왜 우량주를 파란색 칩에 비유할까요? 여기에는 두 가지 설이 있습니다. 도박장에서는 보통 돈 대신 동그란 칩을 사용합니다. 다양한 색깔의 칩이 있고 색깔마다 금액이 다 다르죠. 그런데 그중 파란색 칩의 가격이 가장 높다고 합니다. 그래서 증시에서는 거대 우량 기업의 주식을 비싼 칩에 비유해 블루칩이라고 부릅니다.

다른 설도 있습니다. 세계 주식시장의 중심지가 미국 뉴욕 월 스트리트라는 사실은 앞에서 배웠죠. 그런데 금융의 중심지로 이름을 떨치기 전에 월 스트리트는 소를 사고파는 시장이었습니다. 이때 이

소 시장에서 제일 좋은 소에게 파란색 천을 둘러 주는 전통이 있었다고 하네요. 이 때문에 월 스트리트 최고의 종목들에 블루칩이라는 이름을 붙였다는 이야기가 전해집니다.

참고로 옐로칩(yellow chip)이라는 용어도 있습니다. 옐로칩은 블루칩에는 살짝 못 미치지만 그래도 상당히 우량한 기업의 주식을 뜻합니다. 이를테면 블루칩 하위 버전인 셈이죠. 우리말로는 '중저가 우량주'로 불리기도 합니다. 도박판에서 노란색 칩이 파란색 칩 다음으로 비싸기 때문에 유래된 말이라고 하네요.

그런데 요즘 카지노에서는 블루칩이 가장 비싸고, 옐로칩이 그다음으로 비싼 칩이 아니랍니다. "내가 이완배라는 작가가 쓴 책에서 봤는데 블루칩이 제일 비싸대."라며 카지노에서 우기면 좀 곤란합니다. 설은 설일 뿐이니 너무 집착하지 말아 주세요. 실제 요즘 카지노에서 가장 비싼 칩은 대부분 검은색이라고 하네요. 그리고 모든 칩에는 숫자가 다 적혀 있으니 그 숫자대로 계산하면 됩니다.

| 개념 찬 주식 용어 정리 |

<table>
<tr><td colspan="2" align="center">난이도 초급</td></tr>
</table>

간접투자　전문가에게 돈을 맡겨 대신 자산에 투자하도록 하는 것이다. 대표적인 간접투자 상품으로 '펀드(fund)'가 있다. 펀드에 가입하고 수수료를 내면, '펀드매니저'라고 불리는 전문가가 나를 대신해 내 돈을 투자해 준다. → 93, 111~114쪽 참고

분식회계　기업이 회계장부를 작성할 때 매출이나 이익을 실제보다 부풀려 수치를 고의로 왜곡하는 행위를 말한다. → 185~187쪽 참고

상장　주식을 매매 대상으로 삼기 위해 거래소에 일정한 자격이나 조건을 갖춘 거래 물건으로 등록하는 일을 뜻한다. '주식을 상장한다'는 말은 어떤 주식이 거래소의 심사를 통과해, 공개적으로 사고팔 수 있는 주식 중 하나로 등록된다는 뜻이다. → 84~86쪽 참고

자본금　사업을 할 때 밑천이 되는 돈. 주식회사의 경우 자본금은 주식의 총가치로, '발행한 총 주식의 수 × 1주당 액면가'가 회사의 자본금이 된다. → 14쪽 참고

작전 세력　주가를 인위적으로 조작하는 이들을 가리킨다. 작전 세력이 인위적으로 시세를 조작하면 건전한 일반 투자자가 피해를 입는 등 부작용이 크다. → 177~180쪽 참고

주식　자본금을 냈다는 사실을 증명하는 문서로, 주식회사의 자본금을 구성하는 단위다. → 15쪽 참고

주식회사　주식을 발행해서 세운 회사를 뜻한다. 주식회사의 주인은 자본금을 낸 투자자이다. → 16~18쪽 참고

주주　주식을 가지고 있는 투자자. 주주는 보유한 주식의 비율만큼 회사의 경영에 참여할 권리를 가지며, 회사가 이윤을 남기면 그 일부를 나눠

가질 권리가 있다. → 15쪽 참고

주주총회 주식회사의 주주들이 모여서 회사의 중요한 사안을 정하는 의사결정 기구를 일컫는다. → 16, 26~27, 51~53쪽 참고

증시 주식을 사고파는 시장. 특정한 장소를 말하는 것이 아니라 거래가 이루어지는 곳은 모두 증시이다. → 22~23쪽 참고

직접투자 투자자 자신이 직접 자산을 사고파는 것을 말한다. 주식 투자의 경우, 본인이 직접 증권회사에 계좌를 개설하고 주식을 거래하며, 결과 또한 전적으로 투자자 본인이 책임진다. → 93, 111~112쪽 참고

난이도 중급

공시 회사의 주요 정보를 대중에게 공개하는 것. 사업 내용, 재무 상황, 경영 실적 등을 3개월에 한 번씩 알리는 '정기공시', 중요한 경영 사안, 주요 주주들의 주식 거래 현황, 주식 발행 현황 등을 수시로 알리는 '수시공시' 등이 있다. 금융감독원이 운영하는 전자 공시 시스템(dart.fss.or.kr)에는 2,000여 개 상장 기업의 모든 공시 정보가 담겨 있다. → 119~120쪽 참고

기업 설명회 IR(Investor Relation). 주주, 혹은 투자에 관심 있는 예비 주주에게 회사의 장점을 설명하는 행사이다. 의무적으로 해야 하는 공시와 달리 기업들이 자발적으로 개최한다. → 121쪽 참고

매출 기업이 상품이나 서비스 등을 판매하고 얻은 대가를 가리킨다. 회사의 규모를 나타내는 중요한 지표다. → 136~137쪽 참고

배당 회사가 사업을 통해 번 돈을 주식 소유 지분에 따라 주주들에게 나눠 주는 것을 가리킨다. → 32~33쪽 참고

보통주 일반적인 주식을 가리키는 말로, 보통주를 가진 주주들은 주주총회에 참석하고 배당을 받을 권리를 얻는다. 우선주와 비교했을 때 일반적으로 배당금이 낮고, 주식 금액이 높다. → 63~65쪽 참고

부채
회사가 사업을 하기 위해 낸 빚이다. 부채가 많다고 무조건 나쁜 것은 아니지만, 보통 자산 대비 부채 비율이 100% 안쪽이어야 안전하다. → 143~145, 147~148쪽 참고

시가始價
주식시장이 시작할 때의 어떤 종목의 주가를 말한다. 봉 차트에서 막대가 빨간색일 경우 아래쪽이 시가를 나타내며, 막대가 파란색일 경우 위쪽이 시가를 나타낸다. → 101~102쪽 참고

시세 차익
주식이나 펀드 등의 자산을 사들인 이후 가격이 오른 시점에 팔아서 발생하는 이익을 뜻한다. → 33~36쪽 참고

우선주
보통주에 대비되는 주식으로, 우선주를 보유한 주주들은 주주총회에 참석할 권리가 없는 대신 보통주의 주주들보다 배당금을 더 많이 받는다. → 63~65쪽 참고

이익
이익이란 일정 기간 동안 올린 매출에서 그 매출을 올리는 데 사용된 비용을 뺀 수치다. 이익이 많은 회사, 즉 실제로 돈을 많이 벌어들인 회사는 본질적인 가치가 높다. → 138~140쪽 참고

자산
회사가 소유한 경제적 가치가 있는 유형 또는 무형의 재산을 뜻한다. 부동산, 현금, 기계, 특허, 브랜드 사용 권한 등이 있다. 자산이 많은 기업의 주식은 특히 불경기에 강하다. → 145~147쪽 참고

종가終價
주식시장이 마감될 때의 어떤 종목의 주가를 말한다. 선 차트에서 주가는 모두 종가를 나타낸다. → 101~102쪽 참고

주가
증시에서 형성되는 시세에 따라 결정되는 주식의 가격이다. 주식 물량보다 사려는 사람이 많으면 주가가 오르고, 물량은 넘쳐 나는데 사려는 사람이 없으면 주가는 떨어진다. → 40쪽 참고

주주 명부 폐쇄
배당이나 주주총회를 앞두고 특정한 날짜를 정해 그 날짜에 주주로 기록된 사람을 무조건 주주로 인정하는 제도를 말한다. → 26~27쪽 참고

코스닥 시장
코스피 시장에 상장하기 어려운 벤처 기업이나 유망 중소기업 등이 상장되어 있는 증시. 규모는 작지만 성장 가능성이 높은 기업이 몰려 있다. → 85~86쪽 참고

코스피 시장
우리나라를 대표하는 간판 기업의 주식이 대부분 상장되어 있는 증시. 상장 심사를 할 때 이익 규모, 종업원 숫자, 부채 규모 등을 까다롭게 점검한다. → 85~86쪽 참고

가치주 투자   기업의 현재 가치를 중시하는 투자. 그 회사가 당장 얼마나 돈을 잘 버느냐, 그리고 사업이 얼마나 안정돼 있느냐에 집중한다. 가치주 투자자는 특히 배당금을 매우 중요시 여기며, 장기 투자를 선호한다. → 73~78쪽 참고

공매도   '없는 것을 판다'는 뜻으로 주식을 가지고 있지 않은 상태에서 파는 것을 말한다. 주가가 하락할 것으로 예상하고 주식을 빌려서 판 뒤, 실제 주가가 하락하면 이 주식을 시장에서 되사서 갚는 방식으로 시세 차익을 얻는다. → 208~210쪽 참고

배당 기준일   기업에서 배당을 시행할 때 배당을 받는 주주들을 결정하는 데 기준이 되는 날을 말한다. 배당 기준일에 주주로 등록되어 있으면 정기 주주총회에 참여할 자격도 생긴다. → 52쪽 참고

성장주 투자   기업의 현재 가치보다 미래 가치에 초점을 둔 투자. 불확실한 미래에 운명을 맡긴 탓에 주가 변동에 매우 예민하게 반응한다. 한두 종목을 맹신하지 않고 분산 투자 하는 경향이 있다. → 73~78쪽 참고

순이익   기업 본연의 임무라고 할 수 있는 영업 활동을 통해 벌어들인 수익에 더해, 부동산이나 주식 투자 등을 통해 거둔 기타 수익까지 포함한 개념이다. → 139~140쪽 참고

영업이익   회사가 오로지 순수하게 영업 활동을 통해 남긴 이윤만 계산한 것을 가리킨다. 기업의 이익 지표를 볼 때는 순이익보다 영업이익이 더 중요하다. → 139~140쪽 참고

주가수익비율   PER(Price Earning Ratio). '주가'와 '주식 한 주당 수익'의 비율을 뜻한다. PER이 10이라면, 주식 가치에 비해 주가가 10배쯤 높게 형성되어 있다는 뜻이다. PER이 다른 주식에 비해 낮으면 저평가되었다고 본다. → 153~158쪽 참고

주가순자산비율   PBR(Price Book-value Ratio). '주가'와 '순자산'의 비율을 뜻한다. PBR이 1보다 크면 현재 주가가 회사의 보유 순자산에 비해 높게 형성된 상태로 보며, 반대로 PBR이 1보다 작으면 현재 주가가 회사의 보유 순자산에 비해 낮게 형성된 것으로 본다. → 162~167쪽 참고

북트리거 일반 도서

북트리거 청소년 도서

경제활동의 기초체력을 키우는
나의 첫 주식 공부

1판 1쇄 발행일 2021년 3월 25일
1판 4쇄 발행일 2024년 11월 15일

지은이 이완배
펴낸이 권준구 | 펴낸곳 (주)지학사
편집장 김지영 | 편집 공승현 명준성 원동민
기획·책임편집 김지영 | 디자인 정은경디자인 | 일러스트 윤수훈
마케팅 송성만 손정빈 윤술옥 | 제작 김현정 이진형 강석준 오지형
등록 2017년 2월 9일(제2017-000034호) | 주소 서울시 마포구 신촌로6길 5
전화 02.330.5265 | 팩스 02.3141.4488 | 이메일 booktrigger@naver.com
홈페이지 www.jihak.co.kr | 포스트 post.naver.com/booktrigger
페이스북 www.facebook.com/booktrigger | 인스타그램 @booktrigger

ISBN 979-11-89799-46-5 43320

북트리거

트리거(trigger)는 '방아쇠, 계기, 유인, 자극'을 뜻합니다.
북트리거는 나와 사물, 이웃과 세상을 바라보는 시선에 신선한 자극을 주는 책을 펴냅니다.